생애를 넘는 경험에서 지혜를 구하다

생애를 넘는 경험에서 지혜를 구하다

초판 1쇄 발행 : 2012년 11월 26일

지은이 : 박경범
펴낸이 : 김운태

편집인 : 김운태
펴낸곳 : 도서출판 미래지향
출판등록 : 2011년 11월 18일
출판사신고번호 : 제 318-2011-000140호

경영총괄 : 박정윤
마케팅 : 김순태
디자인 : 스탠리
인쇄 : 백산하이테크

주소 : 서울시 영등포구 국회대로74길 20 1014호
이메일 : kimwt@miraejihyang.com
홈페이지 : www.miraejihyang.com
전화 : 02-780-4842
팩스 : 02-707-2475

ISBN : 978-89-968493-3-9 (13190)
정가 : 13,000원

*이 도서의 국립중앙도서관 출판시도서목록(CIP)은 e-CIP홈페이지(http://www.nl.go.kr/ecip)와 국가자료공동목록시스템(http://www.nl.go.kr/kolisnet)에서 이용하실 수 있습니다.(CIP제어번호: CIP2012005189)

생애를 넘는 경험에서

인생은 하나의 교과 과정이다

지혜를 구하다

인생은 영겁에서 볼 때 하나의 교과 과정이다.
우리가 과거의 생과 영혼계의 기억을 잊고 사는 것은
우리가 시험문제를 풀면서 먼저 공부한 책의 페이지를
덮고 푸는 것과 마찬가지로 인생의 여러 상황을 접하면서
스스로 현명히 대처하는 지혜를 훈련하기 위함이다.

서문

우리는 살아가면서 일이 뜻대로 될 수도 있고 안될 수도 있다. 뜻대로 되면 행복을 느끼지만 그렇지 않을 때는 고통스럽기도 하다. 이럴 때 그것이 더 큰 목적을 위한 과정이라는 것을 알면 위로를 받고 용기를 얻을 수 있을 것이다.

세상에서 연장자의 조언은 도움이 되지만 현생에서의 경험은 한계가 있다. 인간은 세상에서 현생의 짧은 기억만을 가지고 살아가기 때문이다. 그래서 사람들은 여러 방법으로 인간의 삶 그 이상의 진리를 찾고자 했지만 쉽지 않았다. 인간계는 필요에 따라 영혼계(靈魂界)로부터 격리된 구역이기 때문이었다.

그럼에도 간혹 영혼계에서는 인간계에 영혼계의 사실을 알려주곤 했다. 영혼계의 체험자가 지상으로 돌아와 영혼계에 관해 알려주는 사례가 있었고, 성인(聖人)들의 가르침은 인간이 육체적 성향에 매여 살지 말고 영혼계의 원리를 따르게 하여 더 나은 성취를 얻게 하기 위함이다. 하지만 사람들은 그 가르침을 다 이해하지는 못했다. 그래서 논리를 따지지 않고 진리를 믿었던 것이 신앙이 되었다.

근래에는 영혼계에 관해 신앙적 관점이 아닌 인간의 이성으로 따지고 판단해도 인정할 수 있는 자료가 풍부해졌다. 십여 년 전 국내에는 전생탐구 붐이 있었다. 삶에 대한 우리 전래의 관행에 비추어 특별한 것은 아니었지만, 현대 물질과학을 선도하는 미국에서 비롯된 전생탐구는 신선감과 신뢰감이 더하였던 것 같다. 인간의 윤회를 신앙의 단계에서 벗어나 실증적이고 과학적인 방법론으로 증명한 것은 의미 있는 일이다.

그렇다면 이제 현대인은 많은 미혹에서 해방되었으니 한층 높은 정신적 행복을 누리며 살아야 마땅한데 아직 그렇게 보이지는 않는다. 특히 우리나라에는 개개인의 정신건강 수준은 물론 집단적인 원한과 대립이 끊일 줄을 모르고 있다. 이것은 우리 사회에서 영적 본질을 밝히는 논의가 충분히 보편화하지 않은 까닭도 있지만, 그보다는 우리의 당면한 현실과 연관 지은 생활철학의 개발이 부족한 것에도 원인이 있다고 봐야 한다. 윤회와 영혼계를 알고자 하는 것을 현실 도피적 흥밋거리 정도로 보는 경향도 있다. 구슬도 꿰어야 보배이듯이 윤회와 영혼계에 관심을 두는 것은 그것으로 그치지 말고 우리의 현실에 응용하는 것이 중요하다.

이에 따라 이미 여러 서적자료로 규명된 인간의 윤회와 영혼계에 관한 사실을 응용하여 우리 각자의 당면현실을 더 잘 이해하고, 우리 각자의 실생활에서 발생하는 상황에서의 적합한 태도와 대처방법을 마련하도록 하여, 인생의 행복지수를 높이고 인생의 의미를 살리는데 보탬이 되고자 하였다. 우리 주변과 인간사회 전반의 대립 혹은 대조되는 여럿이 왜 공존해야 하며 공존할 수 있는가에 중점이 두어졌다.

인용된 사례는 필자 본인의 이야기 외에는 모두 이미 서적과 대중매체로 발표된 사례에 근거하였다. 본서의 성격상 모든 명제가 확정적으로 장담할 수 있는 것이 아니고 필자가 그 진리를 아는 자라고 할 수 없으나 모든 서술을 추측 형식으로 하는 것은 오히려 번거로울 것이므로 편의상 단정적 어투를 사용하였다. 이 책의 목적은 진리를 설파하겠다는 것이 아니라 우리 삶의 미혹함을 줄이고자 함인 것이다.

소설가인 저자로서는 특이한 시도인 이 책의 출판을 흔쾌히 결정하신 도서출판 미래지향의 김운태 사장님을 비롯하여 이 책이 완성되기까지 도움을 주신 모든 분들께 감사드린다.

목차

자기의 재발견

영적 존재로서의 인간

물질주의를 넘어서__19

육체의 욕구를 넘어서는 것이 영혼성장의 길__23

지상의 것은 일시적이고 영원한 것은 영혼계에 있다__25

지상에 와 있는 것은 내 영혼의 일부분이다__26

육체는 영혼의 집__30

육체와 정신의 부조화를 극복해야__32

주어진 환경은 자기의 영혼성장을 위한 최적의 환경이다__35

인생은 균형 있게 살아야__37

최면상태와 수면상태__40

태아의 영혼은 길러지는 것이 아니고 찾아오는 것__43

수면 중이나 마취 중에도 영혼은 몸 밖에서 활동__45

행복의 길

행복은 인생목표의 순조로운 항해__53

인생은 한 단원의 학습과목이다__54

쾌락에는 업보가 따른다__57

고통/분노/공포를 다스려야__60

인간의 투쟁본능과 선악__62

선악은 추구하는 공동생존의 범위__66

운이 잘 풀리고 안 풀리고는 인생을 인도하는 수단일 뿐__69

영적인 관점에서 인생보기

현재는 과거와 미래의 정보에 의해 합성되는 것__75

생애를 넘는 경험은 영혼을 성숙하게 한다__78

삶의 소중함을 일깨우기 위한 희생__80

인생의 소명과 우울증__83

주변 사람은 자기의 인생각본에 의해 출연한 배우__84

인생은 영혼 운세 중에서 잘라낸 구간__87

누릴 수 있는 것에 만족해 살아야__89

후회는 불필요한 것__92

윤회 속의 군자는 어린이처럼 성장에 목마른 자__95

소인의 마음으로 군자의 심중을 헤아리다(以小人之心度君子之腹)__97

함께 살기

인연 있는 사람끼리의 공존

모든 것은 인연으로부터 생겨난다__103

지상에서 시작한 관계와 영혼계에서 시작한 관계__104

조상의 공과를 자손이 물려받는 것일까__110

가족 간에 악연이 있다면 업장(業障)을 줄이는 중요한 기회__113

사형제 폐지 여부는 국민 수준에 맞춰야 한다__116

지상의 인생은 영혼 진화과정의 축소판__118

생업은 영혼 단련과 향상의 수단__121

인연의 대소는 세상의 관계와 일치하지는 않는다__125

연장자가 연소자를 잘 대해줘야 하는 이유__128

남자와 여자의 공존

남자는 왜 여자를 구하나__135

남녀는 더 가까이 지내야 한다__140

자기를 노출하고 과시하는 것은 여성의 특권__144

트랜스젠더의 발생원인과 대책__147

연애는 왜 가족 밖에서 하나__149

집안과 부모가 정해주는 결혼의 의미__151

숙원(宿怨)이 있는 집안 간의 결혼은 가정불화의 원인__152

젊은이의 애정교제에 관하여 가부보다는 '어떻게'를 권고해야__154

어려운 연애의 성공은 운명을 개척하는 것이어야 한다__155

함께 사랑하기

여성들에게 사랑의 자유를 대폭 허하라__159

사랑은 하되 소유하려 하지 말아야__162

핵가족의 틀을 벗어난 공동체가 미래사회의 모델__168

인연은 창고에 쌓아둔 보물을 하나하나 꺼내 쓰듯 사용해야__170

세상에 완전한 자기의 사람은 없다__172

여성이 사랑을 베풀고 상응하는 대우를 받는 사회__175

미래는 왜 여성시대라 하나__178

세계관 바꾸기

진화론과 창조론의 공존
    인간의 영적 본향은 지구가 아니다__183
    개체발생은 종족발생을 되풀이한다__184
    영혼의 성장을 위한 경쟁__188
    지구는 아직도 생존경쟁의 단련이 필요한 곳__192
    돌연변이는 작은 창조의 증거__195

종교의 공존
    종교는 왜 이해하지 못하고 '믿을' 수밖에 없나__197
    채식주의는 업장을 최소화하려는 수단__199
    인간의 여신숭배 욕구는 당연한 것__201
    음주는 영혼을 육체와 현실로부터 거리를 두게 한다__204
    유대교는 영혼계에서 신앙에 입문하나 기독교는 현생에서 신앙에 입문__209
    이슬람교는 지구상에 늘어난 어린 영혼을 위한 종교__212
    기독교와 윤회사상__217

좌우 이념과 국가
    영혼의 성장과 삶의 행복__225

재산, 성별의 관념에 대한 좌우파의 차이__226

좌우파는 전생의 지나온 길에 따른다__228

민족과 국가의 집단적 좌우파 성향__229

인종 민족 간의 차별적 시선은 무의미__231

애국심은 고유한 영혼성장방식의 보존을 위한 것__232

만국의 공존

국가 간의 환생으로 인한 가치관교류__237

여러 민족의 입장을 겪으며 영혼의 완성 추구__238

혈족계승에 가치를 두는 것은 허무한 욕망__240

이주민에 의한 인연의 다양화__245

현대에 인류생존의 경쟁력이 있는 곳은 후진국__247

히틀러의 유대인학살을 계기로 밀접해진 독일과 이스라엘의 영혼교류__248

중국의 많은 인구는 인생의 다양성 시험의 목적이어야__249

우리의 과제와 미래

한반도 갈등 해소의 길

 한반도의 계층갈등과 세대갈등__255
 한반도의 갈등은 구시대 숙원의 누적__257
 상대방 민족의 입장을 이해해야 증오 풀 수 있어__261
 국가 내의 다양한 문화 수용이 갈등 해소의 길__263
 끝나지 않은 근세조선의 역사__266
 국가나 개인이나 지나친 욕심은 화근__269
 한반도갈등구조표__273

영혼계를 본받아 발전하는 인간계

 기술은 물질계를 영혼계에 닮게 하고자 하는 노력__277
 영화의 발전은 하늘에서의 뜻이 땅에서도 이루어지는 과정__278
 휴대전화와 CCTV는 하늘에서의 뜻이 땅에서도 이루어지기 위한 도구__279
 전자장치의 발달은 지구상 유사생명체의 증가__282
 '심판' 후 미래의 지구__284
 꿈은 이루어진다__288

행복의 삼 요소

자기의 재발견

"세상의 재산을 팔아 하늘나라에 영원한 보물을 마련하라.
너희 보물 있는 곳에는 너희 마음도 있느니라"

〈예수〉

영적 존재로서의 인간

* **물질주의를 넘어서**

우리는 자라면서 물질주의적 과학교육을 받았다. 우리는 당연하게 여기지만 이것은 역사적으로 지역적으로 특이한 경우이다.

우리 역사상에서도 불교, 유교 등 종교적 이념이 국가통치의 근간이 되어왔다. 지금의 세계에도 많은 나라가 국교가 있어 국민은 종교적 교육을 받고 있다. 물질주의 교육만이 공교육이 된 경우는 우리와 중국 등 전래의 정신문화를 뒤로 젖히고 서구의 앞선 물질문명을 받아들인 현대 일부 국가에 한정된다.

물질과학의 발달은 선진강국의 증표이므로 후발 국가들은 이를 배우기에 치중했다. 그러나 정작 물질과학의 진보를 이뤄낸 국가는 중세에 깊은 종교적인 성찰을 거친 바 있다.

우리는 물질현상의 설명으로 세상과 우주의 진리가 밝혀지기를 기대했다. 필자도 물질과학이야말로 세상의 진리를 깨치는 방법임을 신봉하여 이과계열을 택하여 공부하였다. 세상의 일은 물질 간 일어나는 현상의 무작위한 조합이라고 믿었다. 많은 정자와 난자가 만나 다양한 유전자의 조합으로 인간은 태어나고 진화해온다고 보았다.

그런데 세상의 일은 자연스러운 확률적 분포에 따르지 않고 '왜 하필 이럴 수 있는가' 하는 식으로 발생했다. 가족이나 친구, 동료 관계에는 무작위로는 이뤄지기 어려운 조합이 생성되었다. 그리하여 인간의 마음으로 우선 바라기 마련인, 취업 후 적령기에 결혼하고 행복한 가정을 이루고 입신출세하고 부모님께 효도하고자 하는 쪽과는 다른 곳으로 생을 이끌어갔다. 결국, 세상은 산술적 확률에 의해 생성되고 동작하는 것이 아니라는 것을 받아들이게 되었다.

세상사는 무작위한 현상의 뒤섞임이 아니고 계획에 따라 이루어지는 것이다. 세상을 움직이는 것은 무작위의 물리적 현상이 아니다. 물리적 현상은 사건을 물질계에 나타내기 위해 거쳐야 할 과정이지만 그것은 그 보다 상위의 영향력에 의해 조종받는다.

지구에 물질문명의 발달이 허용된 것은 영적인 힘을 부정하라는 것이 아니다. 영적인 작용이 명령한 시스템 활동의 하위 실행

수준에서 인간이 구체적인 실행의 방법을 보고 이해하도록 하기 위한 것이다.

번갯불이 신의 노함이라고만 믿었으나 지금은 하늘과 땅의 '전기스파크'로 밝혀졌다. 그렇다고 번개가 신이 노한 것이 아니라고는 볼 수 없다. 전기적 현상은 영적인 작용으로 비롯되는 사건을 물질계에서 나타내는 수단일 뿐이다.

자동차가 가는 것은 바퀴가 구르기 때문이라고 설명할 수 있지만 동시에 운전자의 뜻에 의한 것이다. 지진은 지각의 변동이지만 그것을 움직이는 근원은 물질계 그 이상이다.

물질은 영적 원리의 지배를 받는다. 인류가 물질현상의 원리를 어느 정도 알게 된 것은 그것으로 진리를 대치하기 위한 것이 아니다. 이전에는 결과만을 보여줬던 물질현상을 그 과정까지 보여준 것에 불과하다.

세상의 일은 영적 기획에 의해 작성된다. 神(신) 즉 지구상에 체화(體化)하여 출생하는 인간보다 상위의 영은, 인간의 생을 기획하고 지도하여 인간 각자의 세상에서의 운명을 설계한다. 우리 인간도 영이다. 그러므로 비록 계통상의 하위에 있지만 세상의 일과 인생의 운영에 일정한 역할을 한다. 인간 각자는 주어진 운명의 틀 안에서 자기의 자유의지로 세부적 활동을 실행하고 때로는 복수의 예정된 운명 중에 선택하기도 한다.

인간도 그들의 인생을 꾸민 상위 영들과 마찬가지로 이야기를 만들고 진행하기를 좋아한다. 그러므로 지구상의 실제 이야기 말고도 인류는 많은 가상의 이야기를 보유하고 있다. 필자도 이들 이야기를 보태는데 미력을 더한 바 있다. 물질주의를 넘어선 뒤로는 이들 소설에 관해서도 더 진지하게 바라보게 되었다.

세상에서 허구에 불과한 것처럼 간주되는 소설은, 비록 실현은 안 되었지만 영혼계에서부터 기획되었던 많은 세상사와 인생의 프로그램이기도 하고, 설사 비현실적인 판타지라도 그것은 다른 행성에서 있었거나 프로그램되었던 이야기이다. 현실 그 이상에 관심이 있는 소설가로서 물질계 이상의 사실에 대하여 관심을 두고 탐구하는 것은 필수임을 재확인하였다.

과거 시대에는 우리가 이해하지 못하는 자연현상을 신적인 작용으로만 받아들였다. 현대에는 과학의 발달로 많은 현상의 물상적인 과정을 이해하게 되었다. 일부에서는 이러한 물질현상의 규명 즉, 과학만으로 세상의 모든 일이 설명되기를 기대하기도 한다.

그러나 과학은 진리라는 시스템의 하부조직에 불과하다. 인간이 진리를 깨닫는 데 필요하기는 하지만 충분하지는 않다.

과학적 사고를 바탕으로 세상사를 성찰하면서도 영혼계의 섭리를 인식하는 폭넓은 관점을 가진다면 세상사에 대한 미혹은 대폭 사라질 것이다.

* 육체의 욕구를 넘어서는 것이 영혼성장의 길

인생은 영겁에서 볼 때 하나의 교과 과정이다. 우리가 과거의 생과 영혼계의 기억을 잊고 사는 것은 우리가 시험문제를 풀면서 먼저 공부한 책의 페이지를 덮고 푸는 것과 마찬가지로 인생의 여러 상황을 접하면서 스스로 현명히 대처하는 지혜를 훈련하기 위함이다.

영혼과 육체로서의 인간존재를 주자학(朱子學)에서는 다음과 같이 설명한다.

우주에는 理(이)와 氣(기)가 있다. 理는 세상의 움직임을 관장하는 법칙이다. 전능신의 능력을 영적 존재로서 의식하지 않고 지칭하는 것이다. 理에 따라 생물의 本(본)이 존재하는데 本은 理의 일부분이다. 本 즉 영혼은 理 즉 우주의 본질인 절대자가 관장하는 질서 속에 부분으로서 존재한다.

영혼계와 물질계에서의 인간 존재

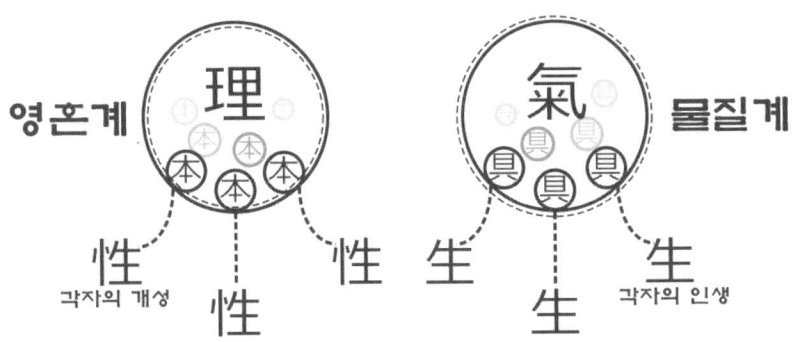

氣는 물질세계의 근간이며 본질이다. 육체는 氣의 집합체로서 本을 담는 그릇이다. 영혼을 담아 인간을 비롯한 생물을 구체화한다. 本은 氣에 의해 물리적으로 구체화되어 具(구)를 이룬다. 영혼은 유기질 세포를 응집시켜 생명체를 형성하고 구동(驅動)한다.

만물과 인간에는 本이 각기 다른 여러 가지의 性(성)으로서 존재한다. 각각의 性은 이들 여러 本 각자가 따라야 할 길(道)이다. 각자의 개성에 따라 전생과 후생으로 이어지는 인생설계 프로그램은 우리가 따라야 할 길이다. 이를 순리적으로 따르면 영혼의 성장과 완성에 이르는 길이 순조롭지만, 만약 이를 벗어나면 다시 본궤도로 올려놓기 위해 더 많은 과정을 다시 거쳐야 한다. 자신의 본분과 소명을 따르는 순리적인 삶은 영혼의 완성을 위하여 가장 효과적이고 올바른 지름길이다.

인간은 많은 경우 이 지름길을 가지는 않고 있다. 本이 具로서 현실에 나타난 것이 육체이다. 육체는 동물과 같은 생존경쟁의 본능을 가진다. 생존경쟁의 과정에서 유리한 성취를 했을 때 육체는 정신이 쾌감을 얻도록, 정신과 영혼계 사이에 닫혀 있던 벽을 열어준다. 쾌감은 생존을 유지하고 성취를 독려하기 위한 수단이다. 그런데 이것을 목적 삼아 추구하다 보면 인간의 본래 목표인 영적 완성에 이르는 길은 멀어진다. 지나치면 범죄로 이어지게 된다.

구체화된 육체 속에 본성이 깃들어 살아가는 인간이 육체의 욕구를 극복하여 본성을 실현하고자 하는 것은 하늘(영혼계)의 뜻을 땅(물질계)에서 이루어지게 하기 위한 노력이다. 本 즉 영혼과 末 즉 육체의 지향 차이를 극복하기 위한 노력이 영혼단련의 주된 주제다.

* 지상의 것은 일시적이고 영원한 것은 영혼계에 있다

지상의 것은 일시적이고 영원한 것은 하늘 즉 영혼계에 있다. 인간의 행동에서 과정이 중하냐 결과가 중하냐 하는 말이 있다. 하지만 인생의 결과는 모두 똑같다.(죽음) 다만 그 과정으로 인해 인생의 성과에 차이가 있다.

물론 베토벤 같은 사람처럼 세상에 어떤 업적을 남긴 사람은 결과도 중요했다고 할 수 있겠지만 업적을 남기기 위해 노력한 과정이 있었던 것은 마찬가지이다. 두드러진 업적이 남는 사람이나 그렇지 않은 사람이나 자기의 소명을 다하기 위해 얼마나 노력했느냐로 평가되며 그것은 우주의 영원한 기록장소에 보관된다.

예수는 이를 하늘나라의 보물 주머니라고 비유하여 가르쳤다.

"너희 소유를 팔아 구제하여 낡아지지 아니하는 주머니를 만들라. 곧 하늘에 둔바 다함이 없는 보물이니 거기는 도적도 가까이 하는 일이 없고 좀도 먹는 일이 없느니라 너희 보물 있는 곳에는 너희 마음도 있으리라."(누가복음 12:33~34)

지상의 소유물은 영혼성장을 위해 일시적으로 주어진 수단이다. 세상을 떠날 때는 가져가지 못하므로 지상에 있을 때 필요로 하는 자들에게 베풀면 그 행위는 하늘나라의 보물 주머니 즉 우주의 기록장소에 보관된다.

물론 가진 것을 그대로 놔두고 세상을 떠나도 소유물은 결국 누군가에게 주어진다. 하지만 자기 뜻으로 자신의 소유물이 가장 효과적으로 활용될 상대에게 주어져야 덕을 효과적으로 쌓는다. 불교에서는 무심코 걸인에게 적선하는 한 푼보다도 참된 수행을 하는 승려에게 시주하는 한 푼이 더욱 큰 덕행이 된다 하였다. 가진 것을 어떻게 가장 효율적으로 사용하느냐는 선업(善業) 쌓기의 핵심이다.

우주의 기록장소에 보관된 사실은 영원불변한 자기 재산이다. 자기에게 주어진 환경이나 재능을 활용하여 '이익을 남기어서' 영원한 창고에 높이 쌓고자 하는 것이 인생의 목적이다.

그 창고는 영혼과 별도로 있는 것이 아니다. 우리의 영혼은 지상에 일부가 내려와 신체에 깃들어 활동하지만, 영혼계 즉 천상에서도 자기 덕행의 창고를 지키며 존재하고 있다.

* 지상에 와 있는 것은 내 영혼의 일부이다

마이클 뉴턴 박사의 영혼계 연구에 의하면 영혼은 지상의 육체에 그 일부만이 파견되어 활동한다. 나머지는 영혼계에 남아있고 결코 영혼계에서의 존재를 포기하지 않는다. 이 사실은 앞에 인용한 성서의 "너희 보물 있는 곳에는 너희 마음도 있으리라"에도 부합된다.

그러므로 이미 세상에 다시 태어난 부모도, 세상을 떠나 영혼계에 새로 돌아오는 자식을 마중 나오는 일이 있을 수 있다. 자식의 입장에서 부모는 이미 세상을 떠났다. 그런데 부모는 자식이 아직 세상에 살던 시기 중에 (대개는 자식이 이 사실을 알지 못하지만) 세상에 환생하여 살 수 있다. 이 경우에도 부모의 영혼 일부는 영혼계에 남아 있다. 그러다 이윽고 자식이 영혼계에 돌아오면 영혼계에 남아 있는 부모의 영혼은 자식을 마중하는 것이다. 비유하면 회사에서도 영업과 신규 사업을 개척하는 부서가 있고 지난 업무의 회계와 잔무를 처리하는 부서가 있다. 육체에 파견된 부분은 새로운 일을 개척하는 담당이고 영혼계에 남은 부분은 지난 일을 결산하며 관리하는 담당이다. 부모의 영혼계에 남아 있는 영혼은 지난 생애에서 관계를 맺은 자식과의 삶을 결산한다.

영혼은 현실에서의 표면의식보다 훨씬 깊고 복합적인 능력을 갖췄다. 흔히 말하는 뇌의 잠재력 활용이라는 것도 결국은 영혼의 잠재력 활용이다. 사람은 뇌의 기능의 극히 일부밖에 쓰지 못하고 있으니 "더욱 뇌의 기능을 활용하자"고 하는 말은 뇌가 영혼의 능력을 충분히 반영하지 못하고 있으니 뇌를 더욱 맑게 하여 영혼을 더욱 충실히 현실계에 투과시키고 영혼이 가진 능력을 더욱 활용하자는 말이다. 영혼이 유리창 너머에서 지시하고 있다면 뇌는 유리창이며 유리창을 맑게 닦는 것이 이른바 뇌를 충분히 활용하는 것이다.

영혼은 유리창 너머에 존재하지만, 그중에 지상의 활동을 담당하기로 한 부분이 있고 영혼계에 남아 관리를 맡기로 한 부분이 있다. 영혼이 지상에 비중을 많이 두어 탄생한 사람은 현실적이며 지상의 생활에 의지력이 강하다. 영혼이 지상에 내려온 비중이 적은 사람은 영혼계에 남아있는 부분이 우주의 진리가 모여 있는 곳인 직관계(直觀界)로부터의 정보를 많이 가져오므로 창조력 등이 풍부할 수 있으나 지상에서의 현실감각과 생활 의지력은 부족할 수 있다.

수년 전 방송에서의 사례이다. 따로 사는 손녀의 꿈에 할머니가 나타나서 불렀다. 손녀는 그 길로 할머니에게 달려갔다. 손녀는 할머니의 임종을 함께할 수 있었다.

할머니가 의식적으로 손녀를 부른 것은 아니다. 손녀가 와 있었으면 하는 간절한 소망이 있었을 뿐이다.

지인이 꿈에 나타나는 것은 그 사람이 현재 지상에 살아있는 사람이든 아니든 상관없이 일어난다. 꿈에 나타나는 것이 나타난 사람의 뜻에 의한 것은 아니다. 우리는 가끔 생각지도 않게 자기가 타인의 꿈에 나타났다는 이야기를 듣는다. 영적 초능력을 가진 사람이라도 자기가 어느 누구의 꿈에 일부러 개입했다는 말은 거의 없다.

하지만 아무 이유 없는 현상은 있을 수 없다. 현몽(現夢)은 영이 지상의 육체에 반영된 부분이 아닌, 영혼계에 남아 있는 본령(本靈)의 작용에 의한 것이다. 꿈꾼 사람의 입장에서는 설사 그 사람이 꿈에 나타남이 현실에서는 거의 의미가 없는 헛된 것일지라도, 영혼계에서 설계된 자신과 그 사람이 얽힌 인생프로그램 중에서 실현된 것이 아닌 습작품일 가능성이 있다. 따라서 그 사람과 무관한 것이 아니다.

특히 앞의 손녀와 할머니의 경우처럼 현몽이 가지는 의미가 큰 경우는 손녀의 인생에 깊은 인상을 남겨두고자 하는 할머니의 본령의 적극적인 개입이다. 현몽은 꿈에 나타난 사람이 지상에 살아있는 사람이건 아니건 간에, 영혼계에 남아 존재하는 본령이 작용한 것이다.

근래에 제주도에서 찍힌 사진에 사람이 있을 수 없는 절벽 앞의 공중에 사람의 얼굴이 나타나 있어 MBC의 〈TV 특종 놀라운 세상〉에서 이 사건을 다룬 적이 있었다. 그리고 그 얼굴의 주인공이 이십여 년 전 부근에서 추락사한 일본인이라고 하여 화제가 되었다.

그런데 다시 그 일본인이 생존하고 있음이 밝혀졌다. 관련한 사람들은 혼란에 빠졌다. 사건은 유령의 출현도 아니고 조작도 아니고 결론 없이 끝나고 말았다. 그러나 사진이 조작이 아니라는 전제하에서, 그 사진의 주인공이 반드시 사망해 있어야 그 사진이 심령사진이라고 할 수는 없다. 생존인물이라 할지라도 그 영혼의 일부가 그리운 장소에 다시 방문할 수 있는 것이다.

* 육체는 영혼의 집

병원의 환자에게 심장발작이 일어났다. 심장박동은 정지하고 환자는 혼수상태가 되었다. 가망이 적었지만 소생을 위한 의료진들의 노력 끝에 그녀는 깨어났다.

깨어난 그녀는 그동안 주위에서 일어난 일을 모두 말하였다. 응급실에 사람들이 오가던 순서, 의사들과 간호사들이 입었던 가운, 심장주치의가 달려오다 바닥에 떨어뜨렸던 금색 만년필이 아주 값진 메이커 제품이었던 사실까지, 모두가 누워있는 그녀의 위치에서는 알 수 없는 것들이었고 게다가 그녀는 맹인이었다. 혼수상태에서 영혼이 떠있는 동안 그녀의 몸이 아닌 영혼이 모든 것을 보고 있었다.

육체는 여러 감각기관을 갖고 있다. 감각기관은 주변의 존재하고 있는 형상을 재구성하여 몸에 전달하는 역할을 한다.

그런데 감각기관이 전하는 감각은 감각기관이 만들어낸 감각이 아니다. 영혼상태로서도 느낄 수 있는 감각을 육체에 깃든 상태에서도 느낄 수 있도록 열어주는 창일 뿐이다.

육체는 영혼의 집이다. 집에는 창이 있다. 창은 열려있는 방향의 경치만을 보여준다. 창이 맑고 깨끗하면 경치는 그대로 보이지만 창유리가 흐리면 흐리게 보이고 혹은 유리면이 고르지 못하면 이지러져 보이기도 한다.

눈은 사물을 보는 기관이지만 시각이라는 것은 눈에 의해 설정된 특유의 정보형식이 아니고 본래 그 자체로서 존재하는 것이다. 눈은 단지 육체에 의해 가려진 외부세계를 볼 수 있게 열린 창이다. 창이 크고 유리가 맑으면 밖을 더 많이 볼 수 있고 작거나 흐리면 밖을 충분히 볼 수가 없다. 다른 감각기관도 마찬가지다. 영에 의한 직접 감각은 색깔과 소리가 더욱 선명하다.

사례에서 만약 환자의 영혼이 의료진이 치료할 동안에 자신의 육체에 머물러 있었다면 그 고통은 극심했을 것이다. 육체의 고통이 심하면 정신은 육체를 떠나있는다. 고통은 육체의 손상을 경고하여 방어하라는 것이지 조물주가 피조물에게 고통을 주려고 있는 것이 아니다. 집을 대대적으로 수리하는 공사를 할 때 우리는 집에서 나가 있게 된다. 물론 집이 완전히 허물어지면 집을 완전히 떠나야 하는데 무너질 것이 확실하면 완전히 무너지기 전에 떠난다.

　충격 등을 받아 기절했던 사람들이 모두 그동안의 일을 기억한다면 우리 주변은 엄청나게 많은 이야깃거리가 있을 것이다. 그러나 그동안의 일을 기억하는 이는 소수이다. 영국의 공사장에서 사고로 쓰러진 젊은이는 멀리 떠돌던 중 막 딸을 출산하는 행복하고 단란한 가정을 보고 그리로 들어가 새로 인생을 살고 싶은 유혹을 느꼈다. 그러나 병원에서 쓰러진 자기 앞에 울먹이는 부모를 두고 차마 그럴 수 없어서 다시 자기의 몸으로 돌아왔다. 이런 것을 특별한 임사체험이라고 하지만 실제로는 정신을 잃다 깨어난 많은 부상자들도 비슷한 일을 겪었을 것이다. 단지 깨어나서 잊어버리는 것이다. 우리가 전생과 영혼상태의 일을 기억 못하듯이.

* 육체와 정신의 부조화를 극복해야

　공공장소나 기타 중요한 자리에서 여러 사람들과 함께 있을 때 사람은 가끔 엉뚱한 생각이 들어서 마음이 편치 않을 수 있다. 내가 앞의 여자를 갑자기 껴안고 키스를 한다면 어떻게 될까. 내가 저 사람을 후려치고 난동을 부린다면 어떨까 등이다.

　이런 것은 지난 생에 중에도 비슷한 정황이 있어서 그 당시에는 정말로 불상사가 일어났던 것에 대한 기억이라 할 수 있다. 지금은 그러한 충동을 억제하고 냉정함을 지킬 수 있다는 것은 그만큼 영혼이 성숙했다는 것이다. 그러므로 불건전한 잡념이 떠오르는 것을 너무 괴롭게만 생각할 필요는 없다. 반면에 과거의 생애에서 피해를 받은 일이 많다면 저 남자가 갑자기 나를 덮쳐올까 저 사람이 나를 살해할 무기를 가지고 있지는 않을까 하는 피해망상으로 나타난다. 이것은 더 심각한 문제이므로 치료가 필요할 수도 있다.

과거의 생에 대한 기억은 현생에 영향을 미친다. 어떤 사람이 그의 신분이나 주변현실에 어울리지 않는 행동이나 태도를 보일 때 사람들은 이해를 못 하겠다고 비난하지만 기실 그 사람의 그런 성향은 모두가 그의 과거의 생애와 현생의 지난날에 누적된 경험을 통해 만들어진 것이다.

사람은 간혹 질환 및 기타의 이유로 정신이 온전하지 못할 수 있다. 이는 그 정신이 본래 그런 것이 아니라 뇌의 기능이 영혼을 분명하게 집안에 잡아두지 못하는 데 따른다. 집에 벽 일부가 허물어져 있으면 집안에 있는 사람은 볼 필요가 없는 바깥경치를 뜻하지 않게 자꾸 보게 된다. 뇌를 비롯한 우리의 육체 즉 영혼의 집은 평소에 감각기관이라는 창을 통하여 물질계에서 필요한 정보만을 주고받게 되어 있다. 그런데 창 이외의 곳이 뚫리면 불필요한 외부정보를 받게 된다. 이와 같이 정신질환은 영혼계와 무절제하게 교류하고 반응하는 것이다. 물론 집이 손상된 것이 아니고 의도적으로 특별하게 천장에 천체관측을 위한 창을 낼 수도 있다. 이런 경우는 영혼계와 교신이 가능한 영적 초능력자에 비유된다.

 질환의 수준이 아니라 해도 정서불안정의 현상은 현생에서 받은 육체와 그 영혼의 누적된 개성이 어울리지 않는 경우 나타난다. 인간은 그 본래의 영혼에 익숙한 육체 및 사회적 위치와 어울리게 태어날 수도 있지만 조금 혹은 많이 어긋나 태어날 수도 있다. 남녀뿐 아니라 성장환경, 인척 관계 등도 자기의 본래영혼에 어울릴 수도 있고 그렇지 않을 수도 있다.

 영혼은 계속된 학습과 인생경험을 통하여 진화해나간다. 완성을 향한 진화는 부족한 면을 보충해나가는 방식으로 진행된다. 그러므로 가끔은 현재 형성되어 있는 영혼의 개성(本)에 어울리지 않는 몸(具)과 환경조건을 가지고 태어나서, 영혼의 바라는 바와 현실의 차이에서 오는 갈등을 통해 영혼의 부족한 부분을 보충하고자 한다.

 本과 具가 어울리는 사람은 정서적으로 안정된 생활이 가능하지만 그렇지 않은 사람은 자기분열이 일어나기 쉽다. 그렇다고 성전환 수술 등 자기의 본성에 맞게 구체(具體)를 억지로 맞추려는 것은 자기가 애초 현생에 태어난 목적에 어긋난다. 여성으로서의 삶을 통한 영적 단련이 어느 정도 이르러 이제는 남성으로서의 입장도 겪기 위한 취지의 태어남인데, 그것을 저버리고 그대로 여성으로서의 삶만을 고집한다면 세상에 태어날 때의 약속 위반이다.

* 주어진 환경은 자기의 영혼성장을 위한 최적의 환경이다

최면치료사 설기문 박사는 전생에서 남자로 살면서 힘과 지위를 사용해 여자를 괴롭히거나 이용했다면, 이생에서는 여자로 태어나 성차별이 심한 상황에 처해져 고통스러운 삶을 살 수 있다고 했다.

그런데 전생에 여자로서 남자들에게 많은 시달림을 당하며 일생을 보낸 여자는 이생에 어찌 태어날까? 권력 있는 남자로 태어나 마음껏 여성들을 다루는 특권을 보상으로 받을까?

단순한 보응으로만 윤회를 보려 하면 그렇게 추정되지만, 윤회의 주목적은 영혼의 진화이고 영혼의 쌓여진 개성에 의해 인생은 운영된다. 인생은 단순히 운명을 따르는 것이 아니라 자기개성이 주도하는 자유의지에 의해서 진행된다. 그러므로 단순히 보응을 받는다고 보응을 받는 인생을 살게 되는 것이 아니라 영혼의 개성도 그에 적합해야 보응 받는 환경에 맞는 인생을 살 수 있다.

피해자인 여성으로서의 인생을 겪은 영혼이 곧바로 권력을 잡고 여성을 다스리는 남자다운 성격을 가지기는 어렵다. 여성으로서의 피해가 쌓여 남성을 증오하게 된 영혼은 남자로 태어나도 이전의 여성적 면모가 남게 되어 소극적인 생활태도 때문에 여성과의 교제가 어렵게 된다. 이 과정에서 여성을 원할 수밖에 없는 남성의 입장을 경험하여, 남성의 탐욕과 폭력성을 증오하기만 했던 과거를 딛고 영혼의 진화를 위한 부족분을 보충한다. 업의 보응은 시한이 없으므로 다시 남성으로서의 훈련이 충분해지면 후에 정말로 많은 여성에게 사랑받는 행운의 남성이 될 수도 있을 것이다.

자기가 이성 교제에 어려움을 겪는다면 여성 혹은 남성의 입장을 더 절실히 겪어봐야 하는 운명의 과제가 있다고 생각하고 배우는 자세로 대처하도록 한다. 지금의 단계가 상대 性의 입장을 충분히 겪어보아 영혼의 완성을 지향하고 더 큰 사랑을 베풀 수 있는 영혼으로 거듭나기 위한 과정임을 인식한다.

진보적인 측에서 성전환수술을 옹호함은 영혼계에서의 자신의 결정을 지상에서 후회하고 돌이키고 싶을 때 그것을 허용하자는 것이다. 이것은 지상에서 육체에 깃들어 활동하고 있는 부분적 영혼이, 그가 지상에 태어나기 전 영혼계에서 온전한 영혼으로서 자기의 지도령과 함께 상의하여 결정한 탄생조건을 번복할 수 있다는 것이 된다. 지상에서의 판단의 권위가 영혼계의 그것에 못지않게 인정되는 상황은 하늘에서 이루어진 뜻이 땅에서도 이루어진 궁극적인 지상천국에서는 가능하다. 현재 우리의 세상이 얼마나 지상천국을 향해 나아간 상태라고 여기느냐에 따라 진보와 보수의 차이가 있다. 아직 매우 모자란다고 생각하면 보수이고 상당히 근접했다고 생각하면 진보이다.

가난한 집에 난 자가 부유한 집에 난 자의 생활을 무작정 부러워하기만 하고 자기에게 주어진 길을 헤쳐나가려 하지는 않고 요행히 부유층에 편입될 갈망만 하고 있다면, 이 또한 자기의 탄생목적에 맞지 않는 태도이다. 자기가 태어난 나라가 마음에 들지 않아 다른 나라에서 여생을 보내고자 하는 망명객이라 해도 자기가 태어난 나라 출신으로서의 의미를 살려 활동을 해야 하는 것이지, 망명한 나라 본토인과 다름없이 살려고만 한다면 이 또한 인생의 기회를 낭비하는 태도이다. 本 즉 오래 쌓여 형성된 정체성이 익숙하여 선호하는 조건과 具 즉 현실에 존재하는 육체의 환경적 상황의 차이를 받아들이고 이를 극복하기 위해 노력하는 것은 영혼단련의 주요과제이다.

* 인생은 균형 있게 살아야

인간세상 대부분의 현상은 물질적으로 설명되지만, 그것은 시스템적 관점에서 영적 질서의 아래에 있다.

어느 사업가가 평생에 걸쳐 사업을 이루고 자식들을 미국유학 보내고 모든 것을 이뤘다. 그 이후 암에 걸렸는데 인생을 너무 스트레스받으며 힘들게 살지 말고 편하게 마음먹고 살아야 했었다고 후회하는 듯이 말한다.

  그러나 그렇게 열심히 살지 않았다면 지금의 것을 이룰 수는 없었다. 이룰 것을 이뤘으니 굳이 길게 살 필요성이 없어진 것이다. 물질과학으로는 스트레스로 나오는 호르몬이 신체건강에 악영향을 주었다고 설명되지만, 그것은 업보를 실현하기 위해 물질적으로 나타나는 현상일 뿐이다.

  그러면 이룰 것을 이루지 않고 편하게만 살면 오래 산다는 것인가? 그렇게는 볼 수 없다. 이미 당신의 현재의 신체와 환경조건으로 더이상 무엇을 이룰 가능성이 없다면 다른 육체와 환경으로 새로운 실험을 하는 것이 요구되므로 神은 어서 인생을 정리하게 할 수 있다.

  결국, 끊임없이 자기 향상의 목표를 설정하는 것이 인생을 원활히 연장하는 길이며 설령 그 도중에 다음 생으로 넘겨진다 해도 억울할 일이 없는 것이다. 가치의 초점을 현생에서 이룬 삶의 성과에 두지 말고 영원한 영적 가치에 두어야 한다.

  지상에서 이뤄야 하는 일이 있어야 삶이 의미가 있다면 중풍 치매 전신마비 등을 앓으며 가족들에게 수년간 부담을 주며 살아가는 사람들은 어찌 된 경우인가 의문을 가질 수 있다.

  그러나 이 경우 가족들은 당사자에게 현생 혹은 전생에서 많은 신세를 진 바 있다. 이 때문에 가족들이 신세를 갚을 기회를 주기 위함이다. 가족들이 후생에서 다른 방법으로 장기간 당사자에게 보답하여야 하는 부담을 압축하여 단기간으로 줄여주는 것이니 불행으로만 보기는 어렵다.

물론 이것은 업보의 원리일 뿐이고 현실에서는 당사자나 가족이나 모두 괴로운 것이다. 그러므로 현실에서 예방의 길을 강구해야 한다. 전생의 업 때문에 젊어서부터 일어난 일이라면 어쩔 수 없지만 노년기에 오는 것은 현생의 관계와 관련될 수 있다. 부모가 자식 뒷바라지에 자기 삶을 갖지 못하거나 젊은 편부모가 자식의 편의를 위해 재혼을 하지 않는다든가 하는 것은 서로 주고받음의 균형을 크게 기울게 하여 결국 짧은 시간에 집중적으로 되갚게 할 필요성을 만든다.

사회에 공헌할 특별한 재능이 있는 자식을 위해 부모가 삶을 헌신하는 것은 순리에 맞지만, 그다지 큰 명분이 없는 목적을 위하여 어느 한 쪽이 지나치게 희생을 하면 이렇게 '급히' 업보를 갚아야 하는 상황이 온다. 물론 현실에서는 건강관리를 잘못했다는 등의 이유가 있지만, 건강관리를 잘못하게 되는 것 자체가 업보를 실현하기 위한 과정이다.

전생치료사 브라이언 와이스 박사의 사례에 의하면 젊어서 혼자 된 여자가 어머니를 모시며 사는데 그녀의 후생을 추정하니 어릴 때 전신마비가 되어 가족들의 보살핌을 받는 삶이었다. 이 '경고' 이후 그녀는 지나치게 어머니 편의 위주로 사는 삶을 개선하고 어머니에게 자기의 주장도 하며, 다른 형제들에게 어머니를 모시고 살게 된 상황에서 얻어야 할 권리를 주장하고 자기 나름의 사회생활도 시작하였다. 이후 다시 추정한 그녀의 후생은 정상적인 삶이었다. 그녀가 어머니를 향한 일방적인 희생을 일생동안 계속했다면 뇌성마비아로 태어나 일방적인 보살핌을 되받아야 할 것이고 그녀가 어떤 합리적인 타협 없이 어머니와의 관계를 중단한다면 어려서 심각히 불구가 되는 아이로 태어날 것이었다. 현생의 일방적 희생의 정도에 따라 후생에 받아야 할 보응의 양도 달라지는 것이다.

* 최면상태와 수면상태

현대에 들어 최면상태에서 평소 자신이 의식 못 했던 기억을 되살림은 물론 전생의 일을 찾아내 자신에 관해 더 잘 이해하고 자기 삶의 문제점을 치유하는 요법도 행해지고 있다. 게다가 마이클 뉴턴 박사의 영혼계 연구처럼, 일생과 일생 사이의 육체를 가지지 않았던 시절의 기억까지 조사되어 인류가 수 천 년을 고민했던 영원한 진리에 가까이 가는 방법이 되기도 한다.

그런데 최면하면 그 단어가 주는 선입감으로는 현실에서의 진실한 감각과 판단을 버리고 어떤 환각이나 인사불성 등과 비슷하게만 여겨질 수 있다. 그러나 그것은 인간정신이 육체의 틀에서 얼마간 벗어난다는 것일 뿐이지, 진실에 대한 온전한 판단력은 유지되며 오히려 더욱 완전한 의식세계에 가까워지는 것이다.

인간의 의식 상태는 다음과 같은 사 단계로 나뉜다.

    1단계: 평상시의 완전한 의식상태
    2단계: 일반최면
- 얕음: 명상 등과 같은 상태
- 보통: 어릴 때의 정신적 상처 치유, 금연, 체중조절 등에 응용되는 일반최면
- 깊음: 전생회상

    3단계: 특별최면
- 현실에서 의식이 떠나기 직전 정도의 깊은 최면상태로서 초지각을 불러내 일생과 일생 사이의 육체를 가지지 않았던 시절을 상기해낸다.

    4단계: 우리가 매일 겪는 완전한 수면 상태

이 각 단계는 영혼이 육체를 벗어나 있는 정도를 말한다.

우리의 완전한 존재와 의식은 과거 현재 그리고 미래가 연속된 파노라마를 관조하고 있다. 육체를 가짐으로써 삼차원 물질세계의 방으로 들어온 인간은 그 장면들을 마음대로 볼 수는 없다. 그

러나 최면 및 수면의 상태에 들어가면 영혼은 육체의 방에서 내다보거나 밖으로 나가게 되므로 자기의 존재 그 자체를 이루는 파노라마를 살피는 것이 가능하게 된다. 자유로워진 영혼은 우주의 모든 정보가 기록되어 있는 아카식레코드(Akashic Record 하늘의 기록. 우주도서관. 별을 초월해 우주의 모든 역사가 기록된 무언가.) 즉 우주도서관을 열람할 수 있다.

최면상태에서 살핀 전생의 기록 상당수는 현실사회의 기록이나 흔적으로 증명된 바 있다. 이와 같은 것은 물론이고 일상적인 꿈에서 보는 여러 영상은 이 파노라마 중에 펼쳐있는 과거의 기억, 현재의 이야기, 미래의 예정, 혹은 이미 프로그램된 바 있었으나 실현되지 않은 운명 들이다. 하지만 꿈의 경우 대부분 기억이 흐리거나 잊어버리고 만다.

최면에서는 이와 같은 사건들을 직접 들어가 겪기도 하고 관찰하기도 한다. 두 가지가 다 가능한 것은 영혼이 육체에 깃들 때 그 일부만이 들어오므로 육체 안의 영혼이 보는 것과 육체 밖의 영혼이 보는 두 가지가 있기 때문이다. 특히 최면을 통해 되살린 태아나 갓난아기 때의 기억은 육체 안에서 보는 것과 밖에서 보는 것이 자연스럽게 섞여 있다. 이는 아직 영혼과 육체의 긴밀한 연결이 형성되어 있지 않았기 때문에 영혼은 수시로 미완성된 육체의 안팎을 오가는 것이다.

* 태아의 영혼은 길러지는 것이 아니고 찾아오는 것

 태아에 영혼이 깃드는 시기는 전통적으로 잉태 후 보름이라고도 하나 정확한 것이 없다. 태아의 어느 시기부터 영혼이 깃든 사람이라고 봐야 하는지는 정확한 기준이 마련되지 않았다. 영육의 결합이 불완전한 상태이니 간혹 도중에 바뀔 수도 있고 영혼이 왔다가도 적합한 곳이 아니라고 판단되어 도로 갈 수(사산)도 있기 때문이다.

 지능지수 및 재능은 유전한다고 하는 것이 통념이다. 오래전 교육 관련 논문에서 머리가 좋은 것은 유전하지 않는다고 주장하며, 우수한 부모의 집에 우수한 자녀가 있는 경우가 많은 것은 부모가 좋은 교육환경을 만들어주었기에 그렇다고 말하는 것을 본 적 있다. 물질과학을 신봉했던 당시에는 그것이 아이가 머리가 나쁘다고 교육을 포기할까 하는 부모들에게 용기를 주기 위한 것으로만 여겨졌다.

 그런데 부모의 지능과 재능을 자식이 잇는 경우도 많지만 그렇지 않은 경우 또한 많다. 재능 유전설을 부인하는 그 논문의 저자도 아래와 같은 생각을 했었는지는 모르지만, 지금에 와서 필자도 다시 그 주장을 수긍하게 되었다.

 부모의 능력으로 이뤄진 집안의 분위기가 계속 이어질 만한 상태이면 그 능력을 이어받을 영혼이 그 부모를 선택해 태어난다.

음악을 전공한 부모에게 음악에 재능 있는 영혼이 찾아와 태어날 가능성이 높다. 그러나 이것은 부부 사이가 원만하여 서로 협조하는 분위기가 있어 음악적 재능을 키우기에 적합하다고 영혼이 판단할 수 있을 경우에 이뤄진다. 부부가 모두 음악을 전공하지만 부부 사이는 협조적이지 않아서 아이는 전혀 음악 관련 재능을 보이지 않았으며 집에 있는 피아노도 연주하지 않는 사례가 있다. 부모의 재능은 유전자로 저절로 이어지는 것이 아니라 재능 있는 영혼을 자식으로 불러들임으로써 승계되는 것이다. 현실 사회에서 명망을 쌓은 스승에게 제자가 찾아오는 것과 같은 이치이지만 승계자가 입문을 결정하는 시기가 영혼계에 있을 때라는 것이 다를 뿐이다.

태교는 태아의 정서순화를 하여 태어날 아이의 인성을 좋게 하는 목적이라고 한다. 그러나 태아는 아직 영혼이 완전히 자리 잡지 않은 상태이므로 기존의 태아를 교육하는 것이 아니라 정서가 양호한 영혼이 현재 산모가 처해 있는 환경을 선호하여 찾아오게끔 하고 머무르게 하는 목적이다.

오래전의 홍콩영화 스잔나(珊珊)에서 주인공 소녀는 불치병을 얻어 결국 어머니가 새 동생을 낳는 현장에서 죽는다. 딸을 낳았다고 서운해하고 있던 할아버지는 마음을 고쳐먹고 새 아이의 이름을 똑같이 스잔나라고 짓도록 한다. 스잔나의 영혼이 새 아이로 환생함을 암시하고자 함을 짐작할 수 있다. 물론 지상을 떠난 영혼이 곧바로 환생하는 일이 있다고는 보고되지 않았지만, 영혼계에서 재정비를 받고 다시 난다 해도 그동안 영혼계에서 걸린 '시간'이 지상의 시간과는 무관하기 때문에 지상에서는 '곧바로' 다시 날 수도 있는 것이다.

그런데 '착한' 스잔나의 영혼이 새아기로 태어날 영혼의 자리를 빼앗은 것이 아닌가 추측도 된다. 수태 후 보름에서부터 영혼이 깃든다고 하는데 이미 아기는 태어난 상태이기 때문이다. 이 시기에는 영혼과 육체의 끈이 긴밀하지 않아 이미 들어온 영혼은 육체를 오가고 있고 그 사이에 다른 영혼이 들어올 수도 있다.

육체에 깃드는 영혼은 고유영혼 전체가 아니라 일부분이다. 스잔나의 본령(영혼계에 남은 부분)은 이미 스잔나의 죽음을 예비하고 있었다. 그래서 다른 영이 아기의 몸에 들어오기 전에 먼저 아기의 몸을 운신하며 준비하고 있다가 이윽고 스잔나의 영혼이 자연스럽게 깃들게 했다. 이처럼 더 좋게 설명할 수도 있다.

* 수면 중이나 마취 중에도 영혼은 몸 밖에서 활동

우리가 보통 현재의 육체 이전의 전생기억을 거의 잊고 살아가듯이 육체를 벗어나 있었던 중의 기억은 대부분 잊어버리며 기억난다 해도 단편적인 것만이 남는다. 이 때문에 꿈은 대부분이 현실적인 합리성을 가지지 못한다.

어느 심리학자의 꿈에 자기가 군중 속에서 사형장에 끌려가고 있었다. 그러다 사형장의 기요틴이 떨어져 내려와 목에 닿을 찰나 자신이 자고 있던 자리 위에 걸려있던 액자가 떨어져 꿈을 깼다.

액자가 떨어져 목에 닿는 것은 순간이다. 그러나 꿈에서는 매우 긴 시간으로 느껴졌다. 현실에서는 순간에 느낀 자극일지라도 꿈에서는 그 과정이 상세히 전개된다는 것이 그 해석이었다. 현실 세계에 국한된 학문적 해석으로는 꿈에서의 시간의 확장성으로만 설명된다.

그러나 꿈은 영혼계의 기억이기 때문에 영혼계는 지상의 시간 구애를 받지 않는다. 그러므로 꿈에서 느끼는 시간의 길이와 현실의 시간은 관계가 없다. 문제는 액자가 떨어질 미래의 상황을 예견하고 그러한 꿈이 진행된 것인데 영혼계의 파노라마는 미래의 계획까지 총망라하므로 조금도 이상할 것이 없다.

자고 있을 동안 그의 영혼은 자는 그의 몸 위에 달려 있는 액자가 위태로운 것을 알고 곧 떨어질 것을 예감한다. 그리고 전생 중의 목에 칼이 떨어지던 때를 연상해낸다. 액자가 떨어져 목에 충격을 준 순간 혹은 그 바로 이전에 영혼은 그의 몸에 다시 돌아와 상황에 대처한다.

필자는 지방의 직장에 다닐 때 주말에 서울의 가족에게 와서 일요일 아침에는 늦잠을 자곤 했는데 가족들은 이미 텔레비전을 시청하고 있었다. 그때 들리는 소리에 따라 필자는 꿈속에서 완전한 드라마나 다큐멘터리를 보고 있었다. 영혼은 그 소리에 연관되는 모든 자기가 경험했거나 설계한 바 있는 영상을 스캐닝하고 있었던 것이다.

물론 극적인 내용의 꿈은 외부의 물리적 자극에만 영향받지는 않는다. 떨어지는 꿈은 흔한 경우이다. 필자도 특히 성장기에 수도 없이 겪은 바 있다. 그리고 약간의 고소공포증이 있다. 전생퇴행으로 (추락사한 전생을) 확인한 바는 없지만 충분히 이해되는 현상이다.

꿈은 인생 프로그램 파노라마의 무작위한 스캐닝이다. 영혼계에서 무작위란 없지만 물질계에 사는 우리의 생각과는 무관하게 나타나는 것이다. 꿈의 내용이 허황된 것은 우리가 그 일부만 기억하거나 실현되지 않은 인생 습작품을 열람했기 때문이다.

영혼의 관점이 연속된 파노라마 속에 오가는 중에는 미래의 장면도 볼 수 있다.

필자는 학생 시절 이미 커플로 지내는 남녀와 가까이 지냈다. 여학생은 나와 알고 지낸 이후엔 기존의 남자친구보다 내게 가까이 지내고자 하는 시도가 잦아 보였다. 하지만 나는 전혀 친구가 선점한 몫을 빼앗을 엄두는 내지 못했다.

그러던 중 어느 날 꿈에, 주변은 어슴푸레한 벌판에 낮은 집들이 있는 한가운데에서 나는 그녀와 함께 걷다 서로 포옹하며 마음을 고백하였다.

다음 날 저녁 도서관에서 나와 하교하려는데 그녀가 문 앞에 기다리는 듯이 있었다. 평소에는 우연히 마주치는 일 아니고는 일부러 만나는 경우는 거의 없었다. 그녀와 함께 학교를 나왔다. 나와서 버스를 타지 않고 학교 부근에 하숙하는 그녀의 집까지 한 정거장을 함께 걸어갔다. 나는 꿈에 그녀를 보았다는 말을 했다. 그러나 꿈에 무엇을 했냐는 그녀의 물음에는 대답하지 못했다. 평소 자리에 앉아서는 대화가 잘되었던 그녀였으나 그날 저녁은 시종 어색하게 동행했다. 그녀와 함께 걸어서 지나온 곳은 당시에는 아직 개발이 안 되었던 비닐하우스 촌이었다. 그녀와 헤어진 다음에야 그것이 꿈에 보았던 곳임을 깨달았다.

많은 사람들이 겪는 일이지만 근래 밤중에 생리문제로 한 두 번은 깨어나는 때가 자주 있었다. 어떤 때는 열두 시에 잤는데 두 시쯤에 깨나기도 했다.

어느 밤에 네 시에 친구로부터 문자를 받아서 깼다. 그 김에 생리문제도 해결했다. 이때 순전히 생리적 작용으로만 본다면 그 이전시간에 깨날 수도 있었다.

그런데 수면 중에 영혼이 밖에 나가서 전생 현생 후생 등 여러 인생 프로그램의 실현작이나 미실현작 혹은 습작을 보거나 겪고 오는 것이 꿈이다. 그동안은 현실공간의 시간과 무관하여 긴 꿈을 꾸고도 깨어나 보면 불과 한두 시간 지난 경우도 많다.

밖으로 나간 영혼은 네 시에 친구가 문자를 주는 것을 삶의 프로그램의 파노라마를 관람하면서 예지하고 있었다. 그래서 그전에 깨나는 것을 늦추고 그 친구가 문자를 주는 시간에 깨어나도록 했다. 친구는 문자는 아침에 볼 걸로 예상하고 했는데 깨워서 미안하다고 했다. (휴대폰이 머리맡 가까운 데 있었으며 신호음이 컸다.) 그러나 나는 문자가 올 것을 미리 알고 기왕 깨어날 것을 늦춰서 그때 맞춰 깨어난 것이니 미안할 것이 없다고 답했다.

이러면 삼국지의 장비가 자는 중에 배반자의 칼을 맞고 죽은 일 등 취침 중 일어난 위험을 감지하지 못하는 경우는 무엇이냐고 의문이 생길 수 있다. 그러나 그것은 영혼이 이미 지상에서의 자기의 운이 다했다고 판단했기에 그렇게 되도록 허용한 것이다. 육체에 깃들지 않은 본령은 인간의 상상과는 차원이 다르게 현실에 초연한 판단성향이 있는 것이다.

마취상태에서 편도선염 수술을 하는 중에 의료진은 조치를 잘

못하면 환자의 숨이 막힐 위험이 있다는 말을 했다. 수술 이후 치료는 되었으나 환자는 수시로 숨이 막힐 것 같은 공포증을 앓게 되었다. 그러다 다시 최면으로 수술 당시의 기억을 되살린 이후에야 당시의 정황을 합리적으로 이해하게 되어 나아졌다.

마취 중에도 영혼은 떠있어 수술 장면을 보고 있는데 이때 의료진이 수술경과에 대해 비관적인 이야기를 한다면 영혼이 듣고 포기하여 수술 중 환자가 사망하는 수가 있다. 한편으로는 영혼은 수술 후의 몸으로 세상을 사는 것이 과연 자신의 영적 진화에 얼마나 유용할까를 판단하여, 만약 새로운 몸이 부작용이 있어 먼저와 같은 삶을 살지 못하게 될 경우나, 설사 건강하더라도 먼저의 삶과 같은 인생교훈을 더 쌓기 어렵게 되면 이제까지의 지구의 삶을 포기하고 만다.

성형수술 중 사망에 이르는 사고가 있다. 이것은 수술 전의 외모를 가지고 사는 삶이 이번 생의 영적 성장에 효과적이라고 이미 영혼계에서 판단하여 시작되었던 삶인데 (더 아름다운 외모로 태어날 수도 있었으나 자신의 영적 성취를 위하여 수수한 모습으로 태어나기를 자원하는 영혼도 있다.) 수술 후의 달라진 모습으로 사는 삶은 (지상의 기준으로는 더 행복해 보일지라도) 이번 생에 프로그램된 삶에서의 효과적인 영적 성취에는 적합지 않다고 영혼이 판단하여 물러간 것이다. 이럴 때 일어나는 의료사고는 현실에 결과가 나타나게 하기 위한 수단이다.

오늘의 문제는 싸우는 것이요, 내일의 문제는 이기는 것이요,
모든 날의 문제는 죽는 것이다.

〈빅토르 위고(1802~1885)〉

행복의 길

* 행복은 인생목표의 순조로운 항해

인생의 목적을 물으면 가장 보편적인 해답은 행복이다. 행복은 인간의 욕구가 충만한 상태 또는 그때의 만족감이다.

욕구가 이뤄지면서 느끼는 것을 쾌락이라고 한다. 쾌락은 즐거움을 느낌에 있어서 행복과 공통된다.

그러나 행복이라 하면 밝은 이미지가 들어오는 반면 쾌락이라 하면 비교적 타락한 이미지가 있다. 쾌락 자체가 부정적 의미가 있다고는 볼 수 없지만 이러한 관념은 근거가 있다.

인간의 정신은 긴장과 이완을 반복한다. 이 중 어느 한 상태로만 머물 수는 없다. 쾌락은 긴장상태에서 가지는 욕구충족이다.

한때 극도의 쾌락을 느끼더라도 이 상태가 언제까지나 지속할 수는 없어 이윽고 이완상태 즉 심신의 휴식으로 돌아오는데 이때 충족감이 지속되지 못하고 오히려 허탈감에 빠질 수 있다. 이러한 삶의 방식이라면 행복한 삶을 산다고는 보기 어렵다.

행복은 쾌락과 달리 긴장상태이든 이완상태이든 정신적인 만족감이 거의 온 시간 지속하는 것이다. 어느 순간이 아니라 상당 기간 인간의 정신이 자신의 욕구와 관련한 부족감을 느끼지 않으며, 설령 그가 현실보다 더 나은 상황으로 변화하고자 하는 욕망이 있다 하더라도 그 추구에 있어 갈등이나 번민이 없이 순리를 따라 단계적인 만족감을 느끼며 나아가는 상황이다.

영적 관점으로 보면 이 행복이라는 것도 절대 가치는 아니다. 지상에서 자신의 과업을 순조로이 성취해가고 있을 때 그것을 지속하도록 하는 독려이다.

* 인생은 한 단원의 학습과목이다

만물은 유지하고자 하는 노력이 없으면 더 열등한 상태로 해체되게 마련이다. 이를 방지하고 고등한 질서를 유지하기 위하여 사람은 신체를 단련하고 교육을 받는다.

갓 태어난 아이는 순수한 생명에너지의 결집체이다. 그러나 이후 계속해서 지구상의 물리적 현상의 영향을 받는다. 성장기 또한 순수한 생명의 결집체에서 세상의 이물질이 더해지는 과정이다. 교육은 인간 심신의 해체를 보완하여 인간의 생명다움을 낮추지 않고자 하는 필수적 과정이다.

더군다나 성인이 된 이후에 신체의 노화로 인한 생명수준 저하를 막고 보완하기 위해서도 사람이 계속 공부해야 할 이유는 전혀 줄어들지 않는다. 즉 학습은 성장기에만 국한된 것이 아니고 평생에 걸쳐 인간이 자신의 가치를 높이거나 유지하기 위해 요구되는 것이다.

나이를 먹으면 학습의 능률이 떨어진다고 하여 교육과 학습은 성장기와 젊은 시절에만 유효하다고 보는 견해도 있지만, 나이를 먹는다고 학습능력이 떨어지는 것이 아니다. 오랫동안 학습을 멀리하면 정신이 이완되어 학습능력이 떨어질 수는 있지만, 나이를 먹는 것으로는 (연륜에 따른 이해력의 향상으로) 학습능력이 올라갈 수는 있어도 떨어지지는 않는다.

이것은 인간의 지적 능력이 생물학적 유기체인 뇌에 의한 것이 아니라 불멸의 영혼에 의한 것임을 인식하면 명백해진다. 뇌는 영혼에 의해 쓰여 인간의 신체를 담당하는 기관이지 영혼 그 자체는 아니다. 신체노화의 상황을 빗대 뇌기능의 퇴화를 운운하는 말이 있을 수 있지만 어디까지나 본질이 아니다. 나이를 먹어도 영혼의 본성은 그대로 유지되는 것이다.

지상에서의 생활 연륜의 증대가 지혜의 축적으로 이어지지 않는다면 그것은 영혼을 수련해야 할 인생을 낭비하고 있는 것이다. 인간은 평생 동안 자기영혼 향상의 노력을 해야 하며 그것이 중지되는 순간부터 인간 존엄성은 하향한다.

공부는 일시적인 의무가 아니다. 지구상의 삶은 태어난 조건에 따라 정해진 영혼단련의 과정이지만 영혼계에서도 학습은 계속된다. 공부를 통한 지속적인 향상추구는 영혼의 존재양식이다.

지구상의 영혼 중에는 성숙한 영혼도 있고 어린 영혼도 있다. 그러나 우주의 연속성 하에서 모든 영혼의 나이는 (영원 그 자체이므로) 똑같다. 그렇다면 어린 영혼이라고 해서 無에서 새로 합성된 존재라고는 보기 어렵다. 영혼의 지속적 발전에 문제가 있어 영혼계에서 총체적 재정비를 받고 재출발한 지 얼마 안 된 영혼이 어린 영혼이라고 하겠다.

장자(莊子)는 "사람이 배우지 않으면 (그러면서 분수에 넘는 욕심을 부리는 것은) 술법을 익히지 않고 하늘에 오르려는 것이나 같지만, 배워서 아는 것이 넓으면 상서로운 구름을 헤치고(披祥雲) 푸른 하늘을 보며(睹靑天) 산에 올라 사해(四海)를 바라보는 것과 같다."고 했다.

학력(學歷)이나 자격증이 학습의 증표가 될 수 없지만 어느 방법으로라도 학문을 통해 세상의 도리를 따르려는 자세는 작건 크건 남을 지도하는 지위에 오르려는 자에게 우선 요구된다.

물론 가끔은 학문에 의한 깊은 사고와 통찰력이 없이도 높은 지위나 부를 가지는 사람도 있다. 그러나 그것은 전생의 업보에 대한 반작용이거나 하늘의 뜻을 이루는 과정에서의 과도현상일 뿐이다. 그 운의 과정이 지나가면 허망하게 무너지는 것이다. 이런 예외적인 것에 현혹되어 인간의 당연한 과업을 소홀히 하는 일은 없어야 한다.

* 쾌락에는 업보가 따른다

인간에게 식욕, 성욕, 명예욕의 욕망이 있는 것은 인간이 이를 추구하여야 세상에서 계속 살아갈 수 있기 때문이다.

식욕은 명백하다. 성욕은 한 사람의 생존에는 무관하나 인간이 후세를 남기며 세상에 계속 살아남기 위해서 필요하다. 대부분의 사람이 자기의 삶에 짐이 되는 이세를 남기게 됨은 아기를 갖고 싶어 하는 마음에 앞서 성욕에 말미암아 취한 행위의 결과이다. 성행위를 통한 쾌락을 충족한 대가로 여성은 임신 남성은 부양의 의무를 진다.

명예욕 또한 세상이 지속하는 데 필요하다. 세상은 가만히 있으면 퇴보하고 쇠락하기 마련이다. 이럴 때 항상 현재보다 나은 미래를 만들려는 사람이 있어야 세상은 유지된다. 그리하여 사람들은 서로 세상의 일을 남보다 더 성취하려 경쟁을 하고 남보다 앞선 사람은 칭찬을 받고 명예욕을 충족 받는다. 비단 뛰어난 자들의 적극적 명예욕뿐 아니라 보통사람이라도 자긍심에 상처 나는 모욕을 받으면 분개하는 것은 명예욕의 범주에 속한다.

욕망이 충족되는 과정에는 쾌락이 있기에 인간은 이 세 가지 욕망을 추구하게 되어 있다.

쾌락은 인생의 목적이 아니고 수단이다. 따라서 해당하는 성과를 낳지 않는 불필요한 쾌락은 그 업보를 받는다. 罪(죄)라는 것은 이들 쾌락을 얻기 위하여 성과와 무관하게 과도한 행위를 한 것을 말한다.

음식이 맛이 있다고 해서 과식하여 건강을 상하는 것은 가장 흔한 과욕의 업보이다.

자식을 낳기 위한 목적이 아닌 성행위는 세상에 이루는 성과 없이 쾌락을 추구한 것으로서 낙태는 물론 피임도 이에 해당한다. 낙태는 이 세상에 태어나려고 태아에 깃든 영혼을 강제로 돌려보냄으로써 영혼을 우롱하였으므로 타인에게도 죄가 된다. 피임은 자식을 낳을 목적이 아닌 유희로서의 성행위 게임의 수단이 된다.

보통의 부부생활에 견주어보면, 그렇다면 피임을 안 하면 아기를 무제한으로 낳아야 하느냐는 의문이 들 수 있다. 하지만 피임기술이 없던 시절에도 인간은 지나치게 많이 자식을 낳지는 않았다. 설사 감당하기 어려운 자식들이 있었어도 그 시절 나름대로 부모와 자식들 각자 인생의 설계가 있었기에 그러한 것이었다. 인위적 피임은 영혼계에서 결정해야 할 인간의 탄생을 지상의 인간이 막는 행위이다. 중국의 어느 소수민족마을은 수백 년간 자식을 둘만 낳아왔다. 생육을 위한 경쟁이 불필요한 상황에서는 영혼계에서도 알아서 조절을 해주는 것이다.

명예욕에 관련해서는, 남을 다스리고 가르칠 때 느끼는 '뿌듯함'을 그 자체로 즐기는 자는 결국 탐욕의 업보를 받는다. 남을 가르치거나 인도하는 것은 소명에 따른 것이어야 한다.

인간이 삼대욕망을 충족시킴으로써 얻는 쾌락은 영혼이 성장하는 노력으로, 세상의 삶에 보탬이 되는 성취를 하는 대가로 육체의 속박을 벗어나 영혼계에 정신이 열리는 상급이다. 쾌락은 반드시 값을 치러야 하는데 그것은 성취를 위해 노력하는 것처럼 선불도 있고 사랑의 희열 이후 자식 양육으로 치르는 후불도 있다. 그런데 가상게임이나 도박과 같이 선불(노력)이 가짜일 경우, 위락적성행위와 같이 후불(자식양육의 노력)이 없을 경우, 과식과 같이 애초에 후불(식사한 만큼에 준하는 몸의 생산적 활동)을 치를 능력이 안되는 경우 등에는 삶을 위한 아무런 성취 없이 정신이 영혼계에 열리는 것이다. 이는 곧 육체의 효용가치를 저하하는 것이 되어 세상 삶에 있어서 부정적인 업보를 받게 된다.

* 고통/분노/공포를 다스려야

고통

 육체적 고통은 육체에 위협이 있을 때 뇌로 하여금 몸의 상태를 바로잡게 한다. 만약에 스스로 대처할 수 없을 만큼 큰 부상이면 아예 고통을 피해 정신은 몸을 떠나 있기도 한다.
 생명에 지장은 없으면서 지속적인 신체적 고통을 안고 사는 사람도 있다. 육체 방어의 목적의 관점에서 보면 현생의 육체가 개선할 점이 있음을 지속해서 경고하여 후생에는 온전한 육체를 갖기 위함이지만 인생의 학습적 면에서는 육체를 떠나고 싶은 유혹을 이기고 생의 목적 실현의 가치를 추구하기 위함이다.
 가상 통증은 의학적으로는 호르몬 등에 의한 현상으로 설명된다. 그러나 이것도 영적 원리에 의한 지배를 받는다. 전생의 사망 원인이 되었던 상처는 계속 남기 때문이다. 현생의 교통사고 후의 후천적인 가상 통증도 있다. 이것은 현생의 예정된 프로그램의 여운이다. 교통사고로 사망하거나 전신마비가 되지 않고 생존하였을 때 생존의 대가로 주어지는 것이다.
 영적 원리가 상위에 있다고 하위의 물리적 해결을 등한시하는 것은 옳지 않다. 일단 물리적인 방법으로의 치료나 해결이 유용한 경우가 많다. 신체의 문제 기타 인생 중의 여러 문제가 있을 때 무조건 이것을 영적인 해결방식으로 직행하고자 하는 것은 세상사 문제 해결에서의 위계질서에 어긋난다. 거래처 회사에 일을 의뢰할 때 업무담당자를 찾지 않고 곧바로 사장만을 찾는 것이나 마찬가지다.

분노

동물은 자기의 세력을 과시하기 위한 여러 위협적인 행위를 한다. 사람이 가끔 성을 내는 것은 동물과 공통되는 자기 과시적 행위이다. 이것은 당사자는 쌓인 스트레스를 풀고 자신의 힘을 확인하는 효과를 가져 올 수 있지만 받는 쪽은 감정의 억눌림으로 인하여 적지 않은 고통을 받게 된다. 성을 낸 자도 그것이 체질화된 기질의 자가 아니면 고통으로 되돌아온다.

닭이 깃털을 세우는 것과 같이 위협함으로써 남보다 강함을 나타내려는 동물적 과시욕인 성내기는 절제되어야 한다.

공포

자신의 바람이 뜻대로 이루어지지 않거나 심하면 어떤 외부의 힘으로 진행이 중지될 수 있음을 예상하고 정신적으로 고통스러워하는 것이 공포이다. 그러나 이루어질 일은 방향만 올바르다면 다소 시간이 지연되더라도 이루어질 것이다. 중요한 것은 과정으로서, 과정에 최선을 다했다면 인간에게 공포는 불필요한 것이다

* 인간의 투쟁본능과 선악

예로부터 사람들은 사람들을 선인과 악인으로 구분 짓기를 즐겼다. 고전문학에서는 이것이 두드러진다. 문학에서 권선징악의 단순구도가 변화된 것은 서양 근대문학에서부터이다. 문학이 선악은 '상대적인 것'이라는 인식을 반영하기 시작한 것이다.

인간은 생존경쟁을 위해 자기에게 이익을 주는 행위를 해야 한다. 경쟁이라는 의미가 주듯 자기의 이익을 남보다 우선해야 하는데 그 '자기'의 크기가 상대적인 선악의 관건이 된다.

가장 악한 자는 육체로 분리된 자기 하나만의 이익을 생각한다. 그보다 덜 악한 자는 가족과 친지만을 생각한다. 선에 근접하기 위해서는 가족·친지뿐 아니라 모르는 사람들의 이익도 염두에 두어야 한다.

생존을 위해 경쟁하는 물질세계에서 널리 이익을 베풀고자 할수록 선이다. 우리 고유의 홍익인간(弘益人間) 사상은 곧 최대의 선을 추구하는 것이다.

인간은 생존을 위한 투쟁본능이 있다. 각종의 스포츠경기는 투쟁본능을 해소하는 방법이다. 싸움을 치르고 난 승리는 자기 성

장의 성취감을 갖는다. 그런데 그 싸움의 대상은 큰 시야에서 설정되어야 한다. 그러나 영이 수련단계가 저급하면 그 싸움의 대상을 좁은 범위에서 찾는다. 자기의 가족이나 동료 등 가까운 사람들 사이와의 싸움에서 이기는 성취감을 느끼고자 싸움을 일으키는 사람이 없지 않다. 이는 극복되어야 할 단계이다. 기독교에서 말하는 마귀와의 싸움은 인간의 투쟁본능 해소를 위한 대상을 가장 넓은 시야에서 본 것이다.

 자기는 싸움을 하고 싶지 않아도 유난히 주변에서 싸움을 자주 거는 운명의 사람도 있다. 싸움을 하게 되는 영혼들은 인연을 맺게 된다. 그러므로 비교적 고급인 영적 존재에게는 그에게 인연을 맺고자 하는 수단으로 싸움을 걸어오는 일이 잦다. 비록 싸움을 거는 자는 의식하지 않지만 그자의 지도령은 고급한 영과의 관련을 맺도록 부추기는 것이다. 싸움 걸기를 받는 자의 대처법은 그것을 수용하여 상대의 영적 성장을 위한 봉사를 하든가 그것을 초연하여 자기의 인내성 단련의 수단으로 승화시키든가 하는 방법 등이 있다.

 민족이나 국가 간의 싸움에서 한쪽의 영웅은 다른 쪽의 악인이 된다. 각기 이익추구의 범위가 자기네 집단 내에 있기 때문이다. 그러나 그렇다고 해서 전쟁에서의 선악을 상반된 것으로만 볼 수는 없다. 전쟁은 인간에게 있어서는 비극이지만 神의 관점에서는 지구상의 삶의 목적에 보다 유리하고 충실한 인종이나 문화를 확산시키는 방법이다.

 예를 들어 중국 송나라 귀족의 처지에서 보았을 때 금나라 그리고 원나라의 침략자는 악인들이다. 그러나 송은 이미 북송 시절부터 향락과 사치가 극에 달하였고 남자들은 편한 삶을 원해 여성화되었고 여성을 상대적으로 더욱 여성화하기 위해 전족(중국에서 여자의 발을 인위적으로 작게 하기 위하여 헝겊으로 묶던 풍습)이 시작되었다. 송의 귀족 남자들은 결혼도 부모의 힘으로 하고 남성적인 심신단련이 부족하였다. 이것으로 보아도 비록 높은 문명으로 부를 이룩하였으나 인간영혼단련의 마당으로서의 지구상의 역할을 충실히 못 한 송나라 사회는 투쟁적 단련을 한 북방민족에게 망하는 것이 당연하였다.

 이러한 당위성을 가진 전쟁에서는 병사로서 상대를 죽인다 해도 심신을 더욱 단련하는 개인과 집단을 지구상에 살려두고자 하는 神의 목적에 부합되므로 죄가 되지 않는다.

 자기보다 약자일 수밖에 없는 상대를 해하는 것은 죄가 된다. 이는 서로가 같은 방법으로 상대를 이기기 위한 심신단련을 하며 자기 성장을 할 입장이 아니기 때문이다. 여성은 힘에 의한 경쟁보다는 생명창조와 보육에 적합하게 창조된 존재다. 이러한 여성을 상대로 폭력을 쓰는 남자는 전혀 자신의 영적 단련 없이 '승리'의 감을 맛보는 것이므로 마약이나 도박과 같이 성과가 없는 거짓 쾌락을 갖는 죄악을 범하는 것이다. 어린이는 삶의 무대에 오르기 전의 준비과정에 있으니 마찬가지이고 남자들끼리도 같은 목적을 위한 자들끼리의 경쟁이라야 정당성을 가진다.

피해를 받은 약자는 전생의 업보에 원인을 둘 수 있지만, 전생에 지은 죄를 벌 받는 것이 아니라 영혼이 폭력피해자의 입장을 충분히 이해하지 못했으므로 그 입장을 겪어 더욱 완전한 영혼이 되도록 배려하는 교과 과정을 이수하는 중이다.

바람직한 것은 가해자가, 피해자와의 전생이나 현생에서 쌓인 원한을 갚고자 물리적인 방법을 쓰지 않고, 피해자에게 가해자의 처지를 이해시켜, 피해를 받지 않고도 더 관대하고 성숙한 영혼이 될 기회를 주는 것이다.

이를 위해서는 잠재적 가해자가 우선 영혼이 고양되어 있어야 한다. 자신이 전생과 현생에서 받은 피해 등 자신이 잠재적 가해자가 되게 했던 원인을 오직 자신의 영적 성숙을 위한 과정으로서 승화시켜야 한다. 이것이 무슨 어려운 일같이 보일지도 모르지만, 범죄를 저지르지 않기 위해 부당한 욕구나 분을 참는 것은 우리 모두가 이미 어느 정도 실천하는 중이다. 이것을 더욱 발전시켜 일상생활에서 주변 사람에의 사소한 가해도 일어나지 않도록 하는 것이 영혼수련의 한 과정이다.

* 선악은 추구하는 공동생존의 범위

성선설과 성악설은 '인간은 본래 선한데 세파에 찌들어 악하여지지 않게 교육해야 한다.' 혹은 '인간은 본래 악하지만 교육을 통해 선에 가까워지도록 해야 한다.'의 문제이다. 그러나 인간이 과연 선하냐 악하냐를 이분법적으로 나누는 것은 불필요하다. 선과 악은 유와 무, 1과0처럼 디지털하게 상반된 개념이 아니고 상대적이다. 관건은 인간의 삶이 어느 정도만큼 동물적 생존본능을 따르느냐 혹은 영혼의 향상목표에 충실하냐 하는 것이다.

동물은 육체적 진화를 위하여 적자생존의 과정을 거친다. 적자생존을 위해서는 이기적이어야 한다. 인간 또한 동물적 진화를 위하여 그러한 과정을 거쳐 왔고 역사시대에 들어와서는 지구상의 영적 성장을 위한 문화적 적합성의 가부에 따라 종족의 확산 혹은 도태과정을 거쳤다.

선악은 생존을 위한 동물적 본능 위에 존재하는 자아의 크기가 변수이다. 즉 물질적 생존경쟁이 필요한 지구에서 이기적 본능의 바탕 위에서 어떻게 공동생존의 범위를 넓게 보느냐가 선의 실현의 관건이 된다. 자기 개체의 생존을 우선해야 하는 경쟁사회에서 베풀 수 있는 공동생존의 크기가 곧 선의 크기이다.

집단적 이익의 대표자로서 일개인의 이익이 아닌 다수집단의 이익을 위하여 하는 활동을 두고 이와 같은 해석을 적용하여 선의 가치의 실행으로 간주하는 경우도 있다. 물론 일개인의 이익만을 위하여 사는 것보다는 선의 요소가 포함된 것일 수 있다. 그러나 그가 설정한 배려가 미치는 범위의 정당성이 관건이다.

 노동조합장이 임금인상 등 자기가 속한 집단의 이익을 위하여 업무적으로 자기를 희생한다 하더라도 그 구성원이 그가 아는 세상의 다른 어려운 자들보다 우선하여 배려해야 할 대상이어야 그것이 선을 향한 행동으로 평가될 것이다. 정치인의 지지자를 위한 행동 그리고 애국자의 나라를 위한 투쟁까지, 자기가 배려하는 집단이 겉으로 구분되는 특정집단에 한정되면 다수를 위한 선의 베풂과 무조건 결부시키기는 어렵다. 선의 베풂은 자연스러움과 진정성이 그 핵심으로서 모든 인류 및 모든 지구상의 생명이 그 배려의 대상이다. 자신의 역할상의 본분을 의식하여 할 수 있는 효과적인 덕행을 하는 것이 최선이다.

 자신의 본분과 능력 이상으로 선을 베풀고자 하는 행위가 욕심이 아닌 진심이었다 할지라도 자기 본분 이상의 과분한 행위는 결국 본의 아닌 악행으로 돌아가고 만다.

 기업경영은 많은 사람들에게 베푸는 대표적인 선행이다. 기업경영이 자신의 이익을 위한 것이라고 보기도 하지만 여기서는 이른바 일인기업은 제외되며 사람들을 고용함으로써 여러 사람들에게 생업을 인도하는 행위를 말한다. 현실적으로 기업의 고용원들이 기업주에게 바치는 존대와 예우는 기업인의 행위가 선행으로 인정되고 있음을 증명한다. 성경에도 "비천하게 여김을 받을지라도 종을 부리는 자는 스스로 높은 체하고도 음식이 핍절한 자보다 나으니라."(잠언 12:9)라고 했다. 혼자만으로 살았다면 기초적인 욕구의 해결에 곤란을 겪었을 자에게 보다 현명하고 효율적인 재물취득의 방향을 지도하여 삶을 풍요롭게 한 것이 기업인의 공로이다. 그러나 이것이야말로 가장 자기의 본분을 지켜 그 범위 안에서만이 행해야 할 선행이다. 개인적인 도덕면에서 나무랄 데 없었던 기업인이 간혹 기업부도 등으로 많은 사람들에게 큰 해를 끼치고 마는 것은 과분한 선행의 욕심에 말미암은 것이다.

생애 중에 접하는 여러 사람은 윤회를 반복하면서 서로의 관계가 달라지곤 한다. 자기와 인연 있는 사람들의 중요성은 마찬가지라고 보아야 한다. 그럼에도 동물적인 본능에 따라 가족을 위한 마음이 지나쳐 가족 이외의 인연들에 상대적인 해를 끼친다면 업장을 더욱 쌓게 된다. 특히 더욱 동물적인 본능으로 자기 자식만이 자기의 소유라는 생각에 부모, 형제, 친척과 지나치게 구분하여 편향적인 업을 쌓기도 한다. 자식은 비록 책임을 져야 하는 관계이긴 하지만 인연상의 중요도는 자식이나 다른 여느 가족친지나 다르지 않다.

남이라고 하여 해를 끼친 자가 다음 생에는 가족으로 날 수 있다. 물론 현생이 바로 그런 상황일 수 있다. 가족관계는 업을 풀 좋은 기회로 활용되어야 한다. 가족 중에 관계가 불편한 사람이 있다면 그것은 이번 생에 업을 풀어야 하기에, 쉽사리 끊을 수 없는 관계인 가족으로 태어난 것이다. 가족애는 이런 경우 의무감을 갖고 업을 푸는 동기로 활용되어야 한다. 가족애가 지나쳐 타인에게 해를 주어 악업을 더 쌓는 원인제공이 되어서는 안 된다.

* 운이 잘 풀리고 안 풀리고는 인생을 인도하는 수단일 뿐

현생에 받은 운세는 선택된 학습 과정이다. 자신의 일이 잘 풀리지 않고 인생에 곡절이 많은 것을 죄의 업보로 간주하려고도 하지만 神 앞의 인간은 재판관 앞의 피고인이 아니라 교사 앞의 학생이다. 운이 잘 풀리고 안 풀리고는 인생을 인도하는 수단일 뿐이지 선악의 업보는 아니다. 인간이 겪게 되는 시련은 전생의 죄에 대한 처벌 때문이 아니라 자기가 이전에 소홀히 하였거나 부족했던 과목을 보충하는 학습 과정이다.

영혼은 완전을 향해 나아가는 것이다. 과거에 힘을 남용해 힘없는 자들을 괴롭혔다면 약한 자로 태어나 괴롭힘을 당할 수는 있다. 그러나 그것은 약한 자의 입장을 두루 겪어보아 완전을 향해 가게 하려는 것이지 처벌의 목적이 아니다.

성서의 욥기에서도 아무 죄가 없는 욥이 고통을 당하는 예를 보이며, 자신이 겪는 재앙의 원인이 자신의 잘못 때문이 아님을 가르치고 있다. 신약에서도 불구자의 태어남이 그 사람의 죄인가 그 부모의 죄인가 하는 질문에 예수는 자기의 탓도 부모의 탓도 아니고 '그 사람에게서 하나님의 하시는 일을 나타내고자 하심이라.'(요한복음 9장 3절)고 했다.

그 사람이 소경으로 난 것은 생애 중에 예수를 만나 눈을 뜸으로서 하나님의 일을 나타내는 역할을 할 목적이었던 것이지 그나 혹은 부모의 어떤 특정한 죄에 대한 징벌은 아니었던 것이다. 마찬가지로 현세에서 어떤 문제나 불운이 있는 것도 업보를 풀어가며 영혼단련을 해나가기 적합하게 마련된 환경이지 어떤 징벌의 뜻이 아니다.

육체적 고통이 육체의 안전을 도모하라는 경고의 뜻에서 있는 것이지 인간을 괴롭게 하기 위한 것이 아니듯이 운세의 험난함도 영혼의 부족분을 메우라는 지시일 뿐이지 인생을 괴롭게 하기 위한 것이 아니다. 그런 운세를 만나게 한 영혼에게 잘못이 있다면 그 분야의 수련이 아직 부족했거나 과거에 비슷한 기회를 그냥 넘겼다는 것이다.

인생을 사람들이 선호하기 마련인 길로 가지 않고 주어진 길로 가도록 인도하고자 불운이 계속될 수도 있다. 연애나 결혼에 실패하다가 좋은 짝을 만난다든가 사업에 계속 실패하다가 특별한 아이템으로 성공하든가 하는 경우이다. 이는 연애와 사업에서 미결된 것이 많아 영혼에 숙제가 많다는 것이지 죄의 탓은 아니다. 설령 성공을 다음 생으로 미룬다고 해도 마찬가지이다.

일이 잘 풀린다. 사업이 잘된다. 기타 뜻하는 대로 인생행로가 잘되어가고 있을 때 당사자는 흔히들 운이 좋았다는 말로 겸손을 표시하곤 한다.

운이 좋았다는 것이 자신의 능력만으로 이뤄진 것이 아니라는 의미는 맞다. 그러나 우연이라는 것과 동일시할 수는 없다.

바닷물에도 밀물과 썰물이 있듯이 운세의 흐름에도 만조와 간조가 있다. 그 파동의 고조기는 한 인생 중의 일부에 올 수도 있고 거의 대부분에 올 수도 있다. 전인적 덕성과는 거리가 있는 사람이 뜻밖에 손꼽는 유명인사가 되어 국가사회에 지대한 영향을 끼치곤 하는 것은 우연이 아니다.

두 정치인이 정쟁할 때 실질적 역량으로 볼 때 결코 패자가 승자보다 못할 것이 없지만, 승자가 지도자의 길에 오르는 것도 기나긴 흐름 속에 승자의 운은 고조되어 있고 패자의 운은 저조 되어 있음에 따른다. 우리 현대사의 대통령 모두가 절대다수가 인정할 만한 전인적 인물이라고는 할 수 없지만 가장 명예로운 일생을 보내게 된 것은 운의 고조에 기인한다. 역사상 동양의 민족 간에도 한 때는 몽고족이 한 때는 여진족이 패권을 쥐는 것도 그들 중 어느 민족이 달리 우월하다 따위로는 볼 수 없다. 더욱 크게 보아 동서양의 운세변화도 마찬가지다.

자신의 운이 좋을 때 즉 운세가 고조기일 때 덕을 쌓아야 한다. 고조된 운을 자기만을 위해 소모하는 자는 운세의 고조기가 지난 후에는 보응하여 들어오는 에너지의 부족으로 자기 운세의 파고(波高)를 이루는 발동에너지의 소모가 급격히 올 것이다. 이후로는 그의 파형이 저조에 이르는 상황이 아니라 아예 발동에너지가 쇠약하여 '진폭(振幅)' 자체가 감소하고 말 것이다. 운세가 높을 때 덕을 베풀어야 하는 것은 낮에 일해서 밤에 먹으며 쉬고 여름에 일해서 겨울에 먹으며 쉬는 것과 마찬가지의 것이지만, 현생에서 보고 느낄 수 있는 범위를 초월한 현상이다 보니 현생에서 인식하기 어려울 뿐이다.

국민에게 가장 적합한 사회규칙을 발견하려면
인간의 각종 욕구를 경험하지 않았으면서도 잘 아는 현자가 필요하다.

〈루소(1712~1778)〉

영적인 관점에서 인생보기

*** 현재는 과거와 미래의 정보에 의해 합성되는 것**

우리 문화에서는 진리를 포괄하지만 거시적이며 추상적으로 다루었기 때문에 우리에게 연구의 방향을 제시하면서도 규명해야 할 많은 숙제를 남겨주는 것이 있다.

우리에게 익숙한 六十甲子에서 甲乙丙丁… 열 개의 천간(天干)은 영혼의 다양성을 상징하고 子丑寅卯… 十二支는 지상에 육체를 받아 존재함을 상징한다. 천간과 십이지가 서로 조합된 육십갑자는 영혼과 육체의 다양한 조합이 이 세상의 다양성을 만드는 원동력임을 나타낸다.

주역(周易)에서는 세상을 이루는 모든(N가지) 구성요소를 음양

(陰陽)으로 나누어 2의 N 제곱 가지로 설명한다. 이것은 시간의 흐름을 따라 일어나는 세상 사건을 원인(原因)별로 분류한 것이다. 실제로는 2의3제곱인 팔괘(八卦)와 2의6제곱인 육십사괘가 있지만, 더 자세한 분류로서의 '2의N제곱괘'도 얼마든지 상상할 수 있다.

세상의 사건 중에 가장 단순하면서도 수치적 분석이 가능한 것이 음파이다. 음파에서는 시간의 흐름에 따른 물질의 위상변화가 어떠한 법칙을 따르고 있는지 산출할 수 있다. 음파에서 각각의 주파수 성분의 비중을 스펙트럼 분석하는 것은 주역에서 세상사를 이루는 N가지 원리를 각각의 음양으로 정리하는 것과 비교된다. 스펙트럼분석을 효율적으로 하기 위한 고속푸리에변환(Fast Fourier Transform)은 2의N승개의 데이터를 상호 조작하여 2의N승개의 주파수 성분 값을 산출하는데 그 배열은 주역의 팔괘 배열을 연상하게 한다. 음파의 성분은 세상사의 가장 단순한 사례이면서도 수치계산법에 따라 정밀히 분석할 수 있다. 주역의 세상사 분석이 지극히 함축적이어서 명확한 감지가 어렵지만 음파는 비록 특수한 예에 불과하나 세상사 변이의 원리를 단적으로 보여줄 수 있다.

필자는 정보통신업무에 종사한 바 있다. 음성의 저장 및 통신을 위한 음성 파형 정보는 비슷한 모양의 정보가 반복되는 형태이다. 이들 반복되는 파형을 그대로 기록하지 않고 이러한 파형을 만들어내는 요소 즉 발생인자(發生因子)를 찾아내 기록한다면 훨씬 정보처리의 효율성이 있을 것이다. 이에 따라 디지털화된 음성 파형 정보의 변화관계방정식을 추출하여 음성 파형 정보를 계산해내는 방법이 있다.

그런데 이 방법에 따라 재생성한 음성은 본래의 음성과는 오차가 있어 음질이 그다지 좋지 않다. 만약에 완전히 본래대로의 음성을 재생하려면 관계방정식의 길이가 무한대여야 한다. 그뿐만 아니라 앞의 파형만을 보고 다음 신호를 예측하는 것이 아니라 뒤에 올 파형도 계산에 넣어야 한다. 뒤에 올 파형도 알면서 현재의 신호를 '예측'한다는 것은 현실적으로 무의미하나 이론상으로는 현재의 신호상태는 과거 그리고 미래의 파형 신호에 따라 정해지는 것이다.

인생 또한 과거 그리고 미래의 상황이 반영되어 정확히 오늘의 상태가 만들어지는 것이다. 그런데 현실사회에서는 과거만을 반영하여 오늘의 상태를 추정한다. 한 사람에 대한 평가에서도 사람들은 그의 현생에서의 과거만을 알기 때문에 오차가 생기지 않을 수가 없다. 매스컴에서도 과거 이름 있던 사람의 평범한 발설에 집착하는 것은 과거 자료만을 참조하는 데에 따른 오차인 것이다. 할 수 있는 한 미래의 요소를 반영하여 세상을 바라보는 것이 현실의 올바른 판단을 위한 길이다.

* 생애를 넘는 경험은 영혼을 성숙하게 한다

자기가 힘이 있을 때 덕을 베풀면 후일이 평안하나 힘이 있을 때 방만하면 그 끝이 초라하다. 자신의 우월적 상황이나 지위 등을 자기의 불변의 소유로 착각하고 안일하게 운세를 소모한 뒤에는 반드시 몰락이 오며 다행히 그것이 오기 전에 세상을 떠난다 해도 다음 생에서 겪게 되는데, 그것은 인간을 벌하려는 목적에 따른 것이 아니라 완전을 향해 나아가는 과정에서 자신이 이해하지 못했던 입장을 경험해볼 필요성 때문이다.

유대인을 증오하여 되도록 죽여 없애야 한다는 것을 사명으로 삼고 살았던 나치 독일군 병사가 다시 유대인으로 태어났는데 이번에는 아랍인을 멸시하였더니 다음 생이 아랍인으로 예정되었다. 유대인과 아랍인의 입장을 겪어야 할 필요성이 있기 때문이다.

그렇다면 부자를 지독히 증오하면 다음 생에는 부자로 태어날까. 부자는 특정한 집단이 아니므로 단순히 증오로서는 그렇게 된다고 하기 어렵지만, 부자의 입장도 겪어봐야 할 필요가 있을 때에는 그렇게 태어날 수 있을 것이다.

그런데 자기는 넉넉지 않으면서 부자를 그다지 증오하지도 부러워하지도 않는 이는 어떻게 될까. 부자로 다시 태어나는 것이 결코 필수적이라고는 할 수 없을 것이다.

이런 사람은 부자의 삶을 이미 겪어본 영혼이다. 즉 지상에서 삶의 경륜과 수양이 성숙단계에 있는 영혼으로서 장래에 풀 업보가 남아있어 다시 태어난다 하더라도 단순히 부유하고 풍족한 삶이 필요하지는 않고 그와는 다른 가치의 삶을 택한다.

장애인을 대하는 태도에서 사람에 따라서는 자기가 그런 사람이 아닌 것을 고정사실로 간주하여 사석 등에서 장애인에 대하여 다듬어지지 못한 표현을 거침없이 하는 부류의 사람이 있고 반면에 자기 일과 다르지 않게 여기는 사람이 있다. 가족에 장애인이 있는가의 여부와는 다른 차원이다. 장애인을 자신과 전혀 다른 대상으로만 본다면 그 영혼은 장애인으로서의 입장을 충분히 겪지 않았기 때문이다. 반면에 비록 일반인이라도 장애인의 입장을 남의 일처럼 생각하지 않는 사람은 장애인의 입장에서의 인생수련을 충분히 겪은 영혼이라고 하겠다. 전자에 해당하는 영혼은 앞으로 장애인으로서의 경험이 필요하다.

사상가 루소(1712-1778)는 백성들 각자의 어려운 처지를 스스로 겪지 않았다 하더라도 자기 일처럼 여기며 보살피는 지도자를 기대하였다. 그러나 실상 겪지 않고 안다는 것은 불가능한 것이다. 그럼에도 세상에는 루소의 희망과 같이, 백성의 고충을 일일이 겪지는 않았어도 백성을 위해 일한 지도자가 엄존하였는데, 이것은 지난 생을 통해 백성의 각양의 삶을 충분히 겪어본 고수준의 영혼이 지도자의 자리에 있었기에 가능했다. 반면에 백성으로서의 각양의 삶 경험이 충분하지 못한 어린 영혼이 지도자의 자리에 오르면 그 눈높이가 일반적인 생업으로서의 관점과 다른 것이 아니어서 자신을 위한 이익추구에 직위를 이용하게 되어 부패한다.

인간세상의 지도자는 충분한 전생경험이 있어 국민 각자의 입장을 자기 일처럼 느낄 수 있는 영혼이 맡아야 한다. 그래야 지상이 하늘을 닮아가며 하늘의 뜻이 땅에서 이루어지는 지상천국을 향해 나아갈 수 있다. 영혼계에서 한 사람의 인생을 놓고 평가하는 원로회의에서 그들 앞에 선 영혼이 자신의 인생을 평가하는 원로들에게 "당신들이 이렇게 편안히 앉아 있을 때 나는 전쟁터에서 살아남으려 싸웠다."며 불평하기도 하지만 실상 원로의 위치에 있는 영혼은 이미 충분히 그러한 투쟁을 겪은 영혼이다.

한편 영적인 섭리를 인정하는 마음과 병행하여 현실에 주어진 상황도 존중되고 자신에게 주어진 교과 과정으로서 중시되어야 한다. 유물론자와 회의론자의 존재는 영혼계를 향한 동경에 빠져 현실사회의 마땅한 수련을 중시하지 않는 자들을 경고하기 위한 것이다.

* 삶의 소중함을 일깨우기 위한 희생

행복은 상대적이라고도 한다. 인생의 목적을 이 책에서는 영적 성장을 지향하고 완전을 향한 또 하나의 경험을 추가하기 위해서라고 답하지만 보통 가장 먼저 떠오르는 것은 행복하게 살기 위해서이다.

그러나 모든 사람들에게 다 이런 적용을 할 수는 없다. 선거에서도 정치인들에게 '왜 후보로 나서게 되었느냐?'고 물으면 자신이 행복해지기 위해서 라고는 아무도 대답하지 않는다. 그들의 말을 요약하면 '다른 사람(국민)들을 위해 자신을 희생하고자'이다.

즉 세상에는 얼마만큼의 '타인의 행복을 위해 자신을 희생하는 사람들'이 있게 마련이다. 그런데 그들이 '자기를 희생하는 고통스러운 길'을 굳이 나서려 하는 동기를, 남을 위해 일하는 것에서 행복을 찾는다거나 명예욕에 의한 만족감을 위해서라고만 보기는 어렵다. 특히 우리 사회에는 명예와는 상관없이 남을 위한 봉사에 의미를 두고 살아가는 사람들이 엄존함을 생각할 때 모든 사람에게 있어서 다 삶의 목적이 자신의 행복추구라고 할 수는 없다.

이렇듯 완전히 구분할 수는 없겠지만, 세상에는 자신의 삶 자체가 목적인 다수의 사람들과 타인을 위한 봉사의 삶이 그 목적인 상대적으로 소수의 사람들이 있다.

타인을 위한 봉사의 삶은 고되고 힘들다. 하지만 이 사회를 유지하기 위해서 누군가는 해야 할 일이기에 그 직분을 맡은 자는 고통을 감수하며 해내고 있고 그 결과로 더러 다른 사람들로부터 칭송과 존경을 받기도 한다. 그들이 없다면 자기의 삶 자체가 목적인 다수의 사람들은 곤란할 것이다.

　장애인은 그들처럼 타인의 행복을 떠받치는 봉사자이다. 우리가 신체의 건강을 행복하게 생각하는 것은 건강하지 못한 환자들이 있기 때문이다. 평상시 신체의 온전함만으로도 행복을 느낄 수 있는 것은 장애인들의 상대적 역할이 있기 때문이다.

　인간사회를 구성하는 역할의 분담을 이미 태어난 이 세상을 기준으로 하지 않고 출생 이전의 관점으로 돌아가 생각해보면, 확률적으로 생겨나는 장애는 일정한 사람들에게 배당될 수밖에 없으며 장애인은 바로 누군가는 짊어져야 할 짐을 몸소 대신 지어준 이들이라고 볼 수 있다. 그리고 그 삶을 살아감으로써 다른 사람들에게 온전한 신체를 가지고 사는 삶의 소중함을 일깨워주는 것이다. 장애인이 정치인이나 사회운동가 등 다른 '타인의 행복을 위한 봉사자'와 다른 것은 그 길의 선택을 출생 이전의 영혼상태에서 정하였거나(선천적 장애) 현실의 자아보다 깊은 본령의 차원(후천적 장애)에서 결정했다는 것일 뿐이다.

　그러므로 장애인을 일반인들에게 부담을 주는 사람으로 여길 것이 아니라 그들이 아니라면 누군가는 짊어졌어야 할 운명적 직분을 대신 맡아준 자로서 인정되어 일반인은 장애인의 삶을 존중해야 할 것이고 동정이나 '함께 한다'는 캠페인에서 더 나아가 다른 많은 사람들의 행복을 위하여 살아가는 자로서의 예우가 주어져야 한다.

* 인생의 소명과 우울증

얼마 전에 국내최고이며 세계에서도 손꼽는 기업의 임원이 자살한 사건이 있었다. 자존심 강한 최고의 엘리트가 회사의 주요업무에서 소외된 것에 따른 스트레스를 원인으로 말하기도 했지만, 연예인 등과 같이 유동성이 많은 위치가 아니라면 자기성취의 불만이 그렇게 극단적인 영향을 준다고는 쉽게 인정하기 어렵다.

이럴 때 우울증이 거론되는데, 자기의 마땅한 삶(召命)에 비하여 거리가 있는 삶을 살게 되면 비록 남들이 보기에는 풍족하고 여유 있는 삶 같아도 본인은 삶의 의미를 찾기 어려운 것이다. 이것은 자기가 바라는 방향으로 가지 못한 것을 의식적으로 한탄하는 것과는 다른 것으로서 당사자의 삶의 형태에 대하여 본령(本靈 : 영혼계에 남아 있는 자기 영혼의 나머지 부분)이 만족하지 못하는 상황이다. 본령이 현재의 삶을 무가치하게 판단하기 때문에 신체에 깃든 영의 부분을 끌어당기고 있는 상황이다.

최고대기업의 임원은 편하지만은 않겠으나 안정된 위치이다. 그 자리에 오르기까지의 삶이 경제적으로 안정되었음은 물론이고 설사 당장 그만둔다 하더라도 충분히 여생을 누릴 재력이 확보되어 있다. 최고수준의 엘리트가 이와 같은 위치를 얻는 것은 당연하게도 여겨지지만, 사회를 더 둘러보면 최고수준의 인재라고 해서 반드시 '최고'의 자리에만 위치하는 것은 아니다. 개중에는 낮은 사회에 머물러 그쪽의 구성원들에게 가르침을 베푸는 역할을 하는데 이 또한 그들보다 높은 지위를 가졌거나 봉사자의 입장에서 행하는 것만을 말하는 것은 아니다.

영혼연구가인 마이클 뉴턴 박사에게 캘리포니아 죽음의 계곡 부근 사막의 고속도로 트럭휴게소에서 일하는 여성이 찾아왔다. 분방한 옷차림과 세련되지 않은 매너의 그녀였지만 포옹할 때 느껴오는 영적 에너지로 이제까지 만났던 누구보다도 그녀의 영적인 성취가 높음을 감지했다고 한다. 그녀는 야간 운전에 지친 운전자들에게 커피 등을 판매하며 대화하는 과정을 통해 많은 사람들을 위안하며 안전운전을 하도록 유도하는 역할을 하고 있었다. 그녀가 찾아온 것도 인간영혼연구에 관한 마이클 뉴턴 박사의 방송을 듣고는 (스스로 영성이 높은 영혼의 샘플을 제공함으로써) 연구에 도움을 주려는 목적에서였다고 한다.

만약 그녀가 이번 생에서 자신의 영적 능력을 지상에서 더 좋은 삶을 얻기 위하여 사용했다면 세상의 더 많은 것을 얻었겠지만 틀림없이 우울증을 가졌을 것이다.

* 주변 사람은 자기의 인생각본에 의해 출연한 배우

인간의 일생은 영혼의 진화과정의 축소판이다. 어리고 미성숙한 단계에서 치열한 단계를 거쳐 성장하고 원숙하여 해탈에 이르기 위한 과정에서 각종 業의 주고받음은 현생에서도 나타난다. 業의 윤회는 현생과 내생의 엄격한 구분을 하지 않고 보는 것이 정확하다.

직장생활을 많이 한 선배가 후배에게 하는 말이 있다. "나는 사업을 하기 위해 그만둔다는 친구는 말리지 못한다. 참새가 어찌 봉황의 뜻을 알 것인가. 나도 월급쟁이 하는 처지에서 어찌 사업한다는 이의 뜻을 알 것인가. 그러나 회사 내의 누가 싫고 못 견뎌서 다른 직장을 가려는 것이라면 절대적으로 말릴 것이다. 다른 곳에 가도 똑같은 자가 있어 마찬가지일 것이다."

직장 등 공동생활 내의 '적'이 우연에 의해 출현한 것이 아니라 理에 따라 할당된 역할인 것이며 현실에서 구체적으로 나타난 적을 물리적 공간을 이동하여 피한다 해도, 결국 새로 접하게 되는 공간에서도 자기에게 할당된 적을 만나게 되는 것이다. 본래부터 자신과는 대립한 영혼그룹의 구성원과의 만남은 영적 수련과정으로 예비 되어있다.

자기와 '적대적'인 부류와의 인간관계는 인생에 있어 극복과제로 주어진 것이다. 인생의 곡절 이유를 외부에 돌리는 것은 부질없다. 심지어 집안 가족에게서 받는 좋거나 나쁜 영향의 형태가 바깥사회에서도 마찬가지로 나타나기도 한다. 이는 한 사람이 현생에서 받아야 하는 교훈수업의 과목이 일관된 것이기 때문이다. 질투를 극복하기, 폭력에 대처하기, 용서하기 등등 한 사람에게 집안에서 부과되는 인생시험은 바깥사람 관계에서도 비슷하게 나타난다.

자기 자신은 인생이란 연극의 주연이라는 말이 있듯이 세상 모든 일은 자신에 따라 설계된 운세에 의해 실행된다.

남에게 피해를 받았을 때 그것이 자기 잘못이라는 것은 아니다. 그런 자를 만난 운명을 돌아보고 극복하도록 하여야 한다. 재수 없게 그런 자를 만난 것으로 탓해서는 안 된다.

어떤 남자는 아내를 의심하여 도청기 등을 사용하여 아내의 행적을 추적하였다. 이윽고 간통사실이 드러나 간통한 남자는 검거되고 아내와는 이혼하였다.

이혼 후 중앙아시아 고려인 출신 아내를 얻었다. 그런데 재산싸움 등으로 새로운 부부 관계도 악화되었다. 새 아내는 본국에 남편이 그대로 있지만 한국에 진출하고자 이중결혼을 한 것이었다. 아내의 나라에서 법정분쟁을 하다가 의붓아들에게 폭행도 당했다.

한편 전처의 아들은 전처와 함께 사는데 친아들은 그에 대한 감정을 매우 안 좋게 가지고 있어 집에 통화라도 하려 하면 욕지거리를 하기 일쑤였다. 즉 친아들과 의붓아들에게 공히 아비 대접을 못 받으며 전처 및 후처와의 관계도 원수지간이 된 것이다. 전처의 간통을 용서 못 하여 이혼하고 새로 맞아들인 것인데 새 처는 아예 본 남편의 허락을 받고 간통하는 여자였던 것이다.

즉 그의 인생은 어차피 그러한 여자를 만나기로 되어 있었다. 그의 인생에서 새로 배워야 할 것은 관용이다. 아내의 외도를 용서하지 못하고 모질게 대응한 것은 그의 이번 인생의 숙제를 회피한 행위였다. 그 때문에 다른 여자를 만나도 계속 대동소이한 상대를 만나게 되며 똑같은 시험을 다시 보는 것이다.

자기의 주변 사람은 자기의 인생각본에 의해 출연한 배우에 불과하다. 이야기가 희극이 못되었다고 배우 탓을 하는 것은 곤란하다. 어차피 누군가는 맡기로 예정된 배역이다.

직장이든 인생 전체든 운수를 스스로 단번에 변화시키기는 어렵다. 다만 점진적인 노력으로 극복해 나갈 때 인생의 행복이든 영혼의 단련이든 향상을 향해 나아갈 수 있다.

* 인생은 영혼 운세 중에서 잘라낸 구간

우리는 한 인간으로서의 출생과 삶 그리고 죽음을 매우 중요하게 생각한다. 물론 우리가 알 수 있는 범위가 그것이기에 당연하다.

그러나 영적인 관점에서 보면 인간의 일생 또한 그 구분의 중요성이 우리가 생각하는 것만큼 절대적이지는 않다. 인생은 영혼이 理를 따라 흘러가는 연속적인 파동의 그래프에서 한 구간을 잘라낸 것과도 같다. 구간 내에서는 육체를 가짐으로써 지구상의 현실 속에 그 구간 내의 움직임이 반영된다.

잘라낸 한 구간만을 보면 그 안에서는 처음에 파형의 위상이 높다가 나중에 낮아질 수도 있고 오르내림이 잦을 수도 있고 처음에는 낮다가 끝 부분에는 높을 수도 있다. 사람마다 초년운, 중년운, 말년운이 제각각이고 각각의 높낮이가 다른 것이 이와 같다. 구간이 끝난 다음부터도 운세의 파형은 계속되며 후생에서 다시 그 영향이 나타난다.

업보라고 하면 전생의 업보가 떠오르지만 구분된 각각의 생과 생 상호 간에 주고받는 디지털 한 것이 아니다. 한 인생 속에서도 여러 업보 현상을 우리는 볼 수 있다. 한 번의 인생은 영겁 중에 영혼이 여행하고 있는 아날로그한 무한 연속 선상에서 일정 부분을 육체를 입혀 지구상의 현실 세상에 투영한 것이다.

영혼의 행로 중 일정 부분을 추출하여 육체를 입을 구간을 설정하는 것은 그만큼 긴요한 이유가 있다. 해당 구간에서는 설정된 환경의 의미를 살려야 한다.

인간의 영적 존재를 중요시한다 해도 현생에서는 육체로서 난 상황을 존중하여 자기의 본분에 충실하여야 한다. 남자는 남자로서 여자는 여자로서의 본분에 충실하고 기타 자기의 나라와 민족, 출신성분 등에 관해서도 그렇게 태어난 의미를 부여해야 한다. 그것이 현생에서의 삶의 의미를 살리는 길이다.

* 누릴 수 있는 것에 만족해 살아야

이혼을 했던 한 친구가 재혼했다는데 어떤 사람과 무슨 결혼을 했는지는 몰랐다. 그러더니 갑자기 전화를 해서 잠깐 너의 집에 의탁할 수 있느냐는 것이었다. 그와의 관계를 생각하면 조금도 거리낄 것은 없었고 다만 무슨 일인가 걱정되어 묻기만 하였다. 전화로 대강 말하고 이윽고 집에 찾아온 그의 사정은 이랬다.

그가 재혼한 아내는 나이 차이가 안 나며 두 딸이 있는데 사회적 능력도 있는 여자라고 한다. 친구도 아들 둘이 있지만 시골의 부모님께 맡기고 전적으로 서울의 재혼 처의 집에서 함께 살았다.
  아내는 친구의 사업이 잘되리라 기대하고 결혼했었는데 근래에는 수입이 없다고 하여 불평이 잦아졌다는 것이었다.
  고교생과 대학생인 두 의붓딸은 아버지라 부르기는커녕 거실에 들어오면 이제까지 재잘대다가도 갑자기 분위기가 싸늘해진다고 한다. 길에서 마주치려 하면 피하기까지 한다고 한다.
  그들은 꿈도 커서 학비에 많은 투자를 하는데 그것을 충당하려고 아내는 친구에게 많은 돈을 요구한다는 것이었다. 아빠대접은커녕 집안에 끼어든 불청객으로 대하는 그들을 위해 힘들여 버는 돈을 쏟아 부어야 했는데, 그나마 벌 때는 그럭저럭 지냈지만 수입이 줄어든 근래는 걸핏하면 대형쓰레기봉투에 친구의 옷가지를 쑤셔 넣고 돈 못 벌면 집에서 나가라는 등 구박이 잦았다는 것이었다. 결국 아내가 했던 대로 대형쓰레기봉투에 옷가지와 등산신발 등 개인 물품을 넣고 온 것이었다.

이제껏 그렇게 지내왔던 것이 어처구니없이 느껴졌다. 하루도 그런 상황을 견디기 어려울 텐데 매일같이 눈총을 받으며 돈만 갖다 주는 역할을 해오며 지냈다니… 친아버지도 가끔 가족이 자기를 돈 버는 기계로만 아는가 하며 소외감을 느끼며 갈등할 수 있는 게 요즘세상인데… 그 역할을 못하면 하찮은 존재임은 너무도 당연스럽게 느껴졌다.

그리하여 앞으로 그 여자하고는 헤어지든가 설령 재결합하더라도 당분간 별거하며 아내의 버릇은 단단히 고쳐야 할 것이라고 조언해주었다.

아직 낮이라 그는 다시 일을 보러 갔다.

그런데 저녁에 전화하길 아내가 다시 불러서 집에 들어가 봐야 한다고 했다. 그토록 아내를 흉보고 비난하며 짐을 옮겨오더니 돌아오라는 전화 한 통에 마음이 바뀐 것이었다.

다음 날 아침 그는 다시 아내와 살겠다고 하였다. 아내가 사과했느냐 물었더니 그런 건 없고 어젯밤에도 싸웠다고 했다. 별다른 설명 없이 단지 집에 돌아가겠다는 그의 태도에서 추측할 수 있는 것은 그렇게 사는 것이 자기의 인생 자체임을 인정하는 것 같았다.

그는 다시 와서 짐을 챙겨갔다. 부부의 장난에 우롱당한 기분에 나는 짐 싸는 것을 도와주지 않았다.

남녀 간 문제를 고려하지 않고 본다면 한심하다는 말이 나올만한 해프닝이었다.

그러나 사람들이 겉으로 드러내지 않는 세상사의 작동원리를 고려하면 결코 그렇게는 볼 수 없었다.

소득이 높다지만 그만큼 긴장도가 높은 전문직의 하루 일을 마치고 거실에서 텔레비전을 보려 하면 아이들이 눈치를 보이니 결국은 텔레비전을 없애고 거실을 아이들의 또 다른 공부방으로 꾸며 가장으로서의 최소한의 휴식공간마저 빼앗긴 처지이면서도, 매달 고액의 학비는 꼬박꼬박 대줘야 하는 그 생활을 그 친구는 계속하기로 했다.

겪기는커녕 가보지도 않은 그들의 생활에 대하여 뭐라 더 말하는 것은 금물이다. 다만 드러나지 않는 힘의 원리는 인정하지 않을 수 없다.

아무리 의붓자식들이 자기를 깔보고 무시한다 해도 일단 안방 문을 닫고 아내와 함께 자리하면 그때부터 출근 시간까지는 여느 부부와 다를 것이 없다. 어느 정도의 바가지야 누구나 있는 일이다. 그 행복을 어찌 섣불리 버릴 수 있을 것인가.

자존심도 중요하지만 현실에 다소 불만이 있더라도 자신의 처지에 순응해 사는 것이 가장 훌륭한 처세법이라는 것을 생각하게 하는 일이었다. 인생에서 얻지 못하는 많은 것이 있다 하더라도 누릴 수 있는 최소한의 것을 소중히 여기면 행복할 수 있다.

* 후회는 불필요한 것

인간의 정신적인 고통 중에 큰 비중을 차지하고 있는 것이 후회이다. 특히 과거에 마음에 두었던 사람을 붙잡고 싶었으나 부주의 혹은 용기의 부족 등으로 놓쳤던 일은 두고두고 아쉬움을 남긴다. 이러한 마음을 나타내는 노랫말을 인용한다.

Down By The Sally Garden (아일랜드 민요)
Down by the Sally Gardens/My love and I did meet/She passed the Sally Gardens/With little snow white feet
She bid me to take love easy/As the leaves grow on the trees/But I being young and foolish/With her did not agree
In a field by the river/My love and I did stand/And on my leaning shoulder/She laid her snow white hand
She bid me to take life easy/As the grass grows on the weirs/But I was young and foolish/And now I'm full of tears

아늑한 정원 한구석에서 내 사랑과 만났다. 그녀는 작고 흰 발로 정원을 건너왔다.

그녀는 나뭇잎이 자라듯 사랑을 편히 보라 했지만 난 젊고 어리석어 동의하지 않았다.

강가의 들판에서 내 사랑과 함께 있을 때 기울인 내 어깨에 그녀는 흰 손을 올렸다.

그녀는 강둑에 자라는 풀처럼 인생을 편히 보라 했지만 나는 젊고 어리석었음에 지금 눈물만 가득하다.

가사의 작자는 아마도 이십 세 안팎의 젊은 시절 연상의 아름다운 여인을 마음으로 흠모하였고 더구나 그 여인에게서 사랑과 인생을 함께하기를 제안받았을 것이다.

그 여인이 유부녀였든가 애인이 있었다면 작자는 남의 몫을 빼앗는 것에 대한 가책 때문에 그 여인과의 관계를 발전시킬 수 없었을 것이다. 설사 여인에게 다른 남자가 없었다 하더라도 아직 세상의 일을 헤쳐나갈 능력이 없는 처지에서 여인을 책임진다는 것은 두려운 일이었을 것이다. 더욱 어렸다면 어머니와 같은 여인을 범접(犯接)하지 못하는 심정이었을 것이다.

그 시절이 지나고 그 정도로는 세상의 법으로 처벌받을 일이 아니며 두려워할 일이 아니라는 것을 알 게 된 후 그때 왜 그런 어리석은 판단을 하였는지 작자는 후회하고 있다.

반드시 배우자 선택의 큰 과제가 아니더라도, 살아가면서 가끔은, 그때 그 사람과 함께 더욱 좋은 시간을 가졌을 수도 있었는데 용기를 내지 못하고 그냥 보내고 만 것을 지나고 나서 후회할 수 있다. 그것은 오래전의 일일 수도 있고 엊그제의 일일 수도 있다.

젊어서 세상의 일을 잘 모르는 상황에서 한 결정 혹은 순간적으로 닥쳐 깊이 생각할 겨를이 없이 내린 판단이 반드시 어리석다고만은 볼 수 없다. 물론 속세에서의 실리적인 처세의 면에서는 나중의 생각이 더 유리할 수는 있다. 그러나 세상의 처세법에 익숙지 않은 시절의 행위 혹은 순간적인 상황에서의 대처는 그만큼 세상의 이해타산이 간섭하지 않은 순수한 영혼적인 판단에 의한 것이다. 그것은 인생에서 과오를 더하지 않고 소명을 찾아 나아가게 하려는 것이다. 지난날에 놓쳤던 기회는 비록 세속적인 타산으로써는 더 많은 이익과 쾌락을 줄 만한 것이었을 수 있지만, 만약에 그 기회를 잡았다면 현생에 부여받은 소명을 따르지 않고 불필요한 세속의 가치를 따름으로 인해 영적 완성에 이르는 길을 더욱 우회하게 하는 것이었을 수 있다.

　물론 훗날의 생각이 더 옳은 것일 수도 있다. 지난날 행했던 폭언이나 폭행 등을 후회함은 당연하다. 그러나 후회라는 아픈 감정보다는 그때보다 지금이 자기가 영적으로 성장했다는 만족감으로 그 기억의 아픔을 위로해야 할 것이다. 다른 영혼들과 부대끼며 살아온 경험을 토대로 먼저보다 건전한 삶을 살게 되는 과정을 통해 영혼이 성장하는 것이 삶의 목적이다. 지난날의 과오를 돌이키고 더는 동물적 욕구에 휩쓸리지 않는 대처법을 익힘은 당연하나, 세상의 이해타산에 따른 지난날의 후회는 현실적으로 소용이 없는 것은 물론이고 영혼의 성장에도 보탬이 되지 않는 것이다.

* 윤회 속의 군자는 어린이처럼 성장에 목마른 자

인간이 지켜야 할 도리를 논할 때는 곧잘 君子와 小人의 이야기를 화두로 하게 된다.

그런데 왜 군자는 子이고 소인은 人일까.

군자보다 고상한 인격을 말하는 聖人은 人이다.

한편 어린이를 뜻하는 孩子(해자)는 子이다.

어린이는 성장하여야 한다. 현재 자신의 상태에 결코 만족할 인격이 아니다. 군자 또한 인간으로서의 부족함을 항상 염두에 두고 성장을 추구한다.

성인은 인간으로서 더할 수 없는 격에 달한 사람이다. 그러므로 안정된 존재다. 소인은 그저 인간으로서 쾌락과 이익을 추구하는 존재다. 자신이 놓인 상황을 불평할 수는 있으나 현재보다 나은 자신의 인격을 위해 수양하지는 않는다. 그러므로 역시 '안정된' 존재다.

니체(1844~1900)는 인간은 초인과 짐승 사이에 놓인 밧줄 위의 광대라고 하였다. 니체가 말한 인간은 물론 군자와 같이 끝없이 자기 성찰을 하고 향상을 추구하는 존재다. 초인은 聖人과 같이 완성된 인간이며 짐승은 소인과 같이 존재에 그저 만족한 상태이다. 니체의 어법에 맞춰 말한다면 군자는 聖人과 소인 사이에서 오가는 존재이다.

군자는 윤회의 여정 위에서 영적 성장을 추구하는 존재이다. 영적 성취를 향한 과정에서 어린이 즉 子와 같은 입장이다.

어린이는 자라서 成人이 된다. 그러나 신체가 성장하였다고 하여 정신적인 성장을 더는 추구하지 않는다면 소인에 머물게 된다.

어린이는 한 일생 중에 성장을 추구하는 상태이다. 그러나 인간은 윤회를 거듭하며 성장을 추구해야 한다. 그러므로 이미 성장한 듯이 보이는 成人이라도 영원한 존재를 향하여 계속 노력해야 한다.

군자는 윤회를 넘어 성장을 추구하니 영혼발전과정에서 아이와도 같다. 성서에서도 천국에 들어가려면 아이와 같이 되라고 하였다. 이는 흔히 단순하게 되라는 말로 돌리기도 하지만 아이와 같이 자신보다 나은 존재를 앙망하며 성장을 추구해야 한다는 것이다. 군자는 영적인 향상을 추구하는, 완성되지 않은 존재이다.

논어에는 군자는 義를 즐겨 찾으며 소인은 利를 즐겨 찾는다고 했다. 성서에는 무엇을 먹을까 무엇을 입을까 염려하지 말라 이는 이방인(우상숭배 하는 야만인)들이 구하는 것이고 너희는 먼저 하늘나라와 그의 義를 구하라(마태복음 6장 31~33절)고 했다. 군자 즉 하늘나라의 義를 구하는 삶은 영혼의 발전을 추구하는 삶이다. 소인은 곧 이방인이 되고 군자는 곧 천국의 義를 구하는 자가 된다.

* 소인의 마음으로 군자의 심중을 헤아리다(以小人之心度君子之腹)

사람들은 남의 생각을 직접 알지는 못한다. 그 때문에 남의 생각을 겉에 드러나는 행위를 보고 헤아린다. 그 측량의 기준은 자기의 '생각과 행위의 관계식'이다.

사람들 사이에 흔히들 말하는 소통의 부족은 바로 이 관계식이 사람마다 다르기 때문이다. 관계식의 사람들 간의 차이는 그 개성만큼 다양하지만 크게 군자와 소인의 다름에서 비롯된다.

군자가 어려운 처지의 소인을 위해 선의를 베푼다. 그런데 소인은 군자의 행위 근거를 자기의 사고방식에 비추어 생각한다. 즉 자기(소인)의 행위규범은 자기의 이익을 위해서 행하는 것이니 그(군자)가 자기를 그만큼 필요로 해서 그의 이익을 위해서 그런 것으로 간주한다. 이에 따라 선의가 더해질수록 오히려 역효과가 일어날 수 있다. 군자의 규범을 따르려는 자도 현실의 생활기반을 지키려면 선의를 줄 때 상대방의 인품을 감안해야 하는 것이다.

이러한 소통의 문제는 꼭 도와주는 사람이 군자일 경우만 해당하는 것은 아니다. 가령 한 지사(志士)가 대의를 널리 펴고자 유력한 자에게 도움을 청하였으나 대의에 관한 동의는 하지 않고 단지 그의 밑에 들어와 속하면 얻을 이득만을 제시하는 경우이다.

또한 우리는 자신도 모르게 타인이 베푸는 시혜의 동기를 낮추어 생각함으로써 '以小人之心度君子之腹'하는 일은 없나 돌아봐야 할 것이다.

 사람들끼리 어떤 거래관계에 대한 언쟁이 있을 때 '네가 먼저 원하지 않았느냐?'를 무기로 삼는 것은 전형적인 소인의 행위에 속한다. 이런 사람은 모든 행동의 제안이 이기심에 의하여 발생하는 것이라고 여기는 사고방식의 소유자로서 피치 못한 인연이 아니라면 거리를 두어야 이롭다.

함께 살기

모든 것은 인연으로부터 생겨난다.

〈석가〉

인연 있는 사람끼리의 공존

* 모든 것은 인연으로부터 생겨난다

바라문교(婆羅門敎)의 승려 사리불(舍利弗)이 왕사성(王舍城) 거리를 지나가다 석가세존(釋迦世尊)의 제자 아설시(阿說示)를 만나게 되었다.

아설시는 "一切諸法(일체제법)은 因緣으로부터 나온다."말하고 여래(如來)께서 말씀하여 주신다고 했다.

인연은 오늘날에는 지극히 평범한 말이지만 당시 사리불에게는 빈 골짜기에 울리는 발자국 소리와 같이 충격적인 것이었다. 사람들이 영문을 모르는 채 겪고 부딪치는 여러 사건과 현상들이 모두 이로부터 나온다는 단 한마디였다.

사리불은 이제까지 생명처럼 알아오던 바라문의 교리를 버리고 즉시 친구 목련존자(目連尊者)와 함께 세존에게로 달려갔다.

석가세존은 보리수(菩提樹) 아래서 성도(成道)하여 인연의 진리를 깨달음으로써 부처가 되었다. 뉴턴이 사과나무 아래서 만유인력을 발견한 것처럼 세존은 그때까지 아무도 몰랐던 '모든 것은 인연으로부터 생겨난다'라고 하는 영원하고 평범한 진리를 처음으로 발견했다.

세존은 인연의 창조자가 아니고 발견자다. 인연의 법을 사람들에게 가르치는 것이 불교다.

세존은 불교를 믿으라고는 말하지 않는다. 그러나 인연의 법을 믿으라고 말하고 있다. 인연의 진리를 믿는 사람이 불교를 믿는 사람이다.[1]

* 지상에서 시작한 관계와 영혼계에서 시작한 관계

지상에서 맺어진 관계나 영혼계에서 맺어진 관계나 인연의 차원에서 보면 다른 것이 아니다. 다만 현생의 관점에서 볼 때 그 시작 시점을 놓고 달리 보는 것이다. 그리고 이들이 본질에서 같다는 것을 깨달으면 세상사는 한결 원만해진다.

현생에서 부모, 형제 등의 혈연은 이 중 연소자가 영혼계에서

---

[1] 〈般若心經·金剛經·禪語錄〉洪庭植譯解, 東西文化社, 1976.에서 완전인용

출생을 선택하여 태어남으로써 시작되는 관계이고 배우자, 친구, 동료는 양자 모두 지상에서의 현실적 판단으로 의식하여 시작되는 관계이다.

특정한 두 사람 사이의 관계는 생을 거듭하면서 다양한 형태로 나타난다. 자신과 인연이 있는 사람은 가족이든 직장동료든 친구이든 현실적인 관계형식과는 별개로 각각의 깊이를 가지고 있다.

선천적 인연 즉 영혼계에서 시작된 인연이라고 해서 반드시 더 깊은 것은 아니다. 후천적 인연 즉 지상에서 시작된 인연이라고 해서 그 깊이가 덜한 것이 아니며 이 또한 영혼계에서 이미 기획된 것이다. 물론 부부 관계는 더욱 중요시되기도 하지만 친구와 동료 관계도 마찬가지이다.

혈연 등 이해(利害)의 공유가 많은 인연에만 집착하다 보면 이해의 공유가 적은 관계로 나타난 인연을 제대로 관리하지 못하여 원한을 쌓기도 한다. 가족만을 위하는 것뿐 아니라 가족에 대한 필요 이상의 기대 또한 마찬가지다. 가족이라고 해서 반드시 마음이 맞고 서로를 위하는 마음이 월등하다는 보장은 없다. 다만 쉽사리 끊을 수 없는 관계로서 현생에서 업보를 풀어야 할 과업을 더욱 절박하게 부여받은 관계임은 부인할 수 없다.

유물론적으로는 형제는 동일 유전자로부터 나왔으므로 기질이 비슷하여야 할 것으로 생각되지만 정작 각자의 영혼은 별도로 존재하는 인연에 의해 온 것이다. 가까운 인연으로 얽혀있기에 영혼성격의 관련성이 많이 발견될 수는 있지만, 형제들 영혼끼리의 유사성이 친구 등 다른 비 혈족 중의 가까운 인연관계에 비해 특별히 더하지는 않다.

형제가 같은 유전자에서 비롯되었다고 해도 영혼까지 동류의 인격체들은 아니다. 그러므로 서로 비슷한 성취를 해야 한다는 강박관념하에 형제끼리 서로 비교하고 따지는 것은 옳지 않다.

브라이언 와이스 박사는 피는 물보다 진하다는 말은 사회생활에서 소외당했을 때는 혈육에 의지하라는 말이지만 영혼은 피보다 진하다고 하며 최후로는 영혼의 가족을 찾으라고 했다.

가족으로 맺어진 이유는 전생의 좋은 인연일 수도 있고 나쁜 인연일 수도 있다. 좋은 인연일 경우는 말할 것 없지만 나쁜 인연일 경우는 현생에서 이를 극복하는 것이 최선이다. 가족관계는 현생에서 떼기 어려운 관계이다. 풀어야 할 업보가 있다면 쉽사리 포기하지 말라는 의미이다. 가족 사이의 갈등은 풀어야 할 가장 중요한 대상이다.

부모가 아직 지상에 있을 때 그들의 자식이 되고자 하는 영혼은 부모 둘 다와 혹은 어느 한 쪽과의 인연을 따라 태어난다. 영혼계에서 선택하기도 하지만 지상에 영혼이 머물 때 그대로 부모를 선택하기도 한다. 여성의 바구니에 따라 들어가 임신하기도 하는데 여자가 백을 들고 다니는 것이 기본 행장이 된 것은 이에 유래한다.

물질적으로만 생각하면 부모의 정자와 난자로 자식이 생성되므로 부모가 자식을 '만들었다'는 관념하에 간혹 자기의 환경에 불만이 있는 자식은 부모를 원망하기도 한다. 그러나 영적으로 보면 자식이 자기의 새 인생에 알맞은 부모를 선택한 것이니 부모가 제공하는 성장환경에 대해 자식은 불평할 필요가 없는 것이다.

태아와 신생아 시절의 육체는 지극히 왜소하다. 영혼을 단번에 적응시켜 붙잡아두지도 못한다. 이 때문에 이 시절에는 영혼은 아기 몸 안에만 있는 것이 아니라 주변에 머무는 경우도 많다. 물론 성인이라도 원래부터 자기영혼의 일부가 신체에 깃들어 있고 수면 시에는 밖으로 다니는 것이지만 신생아는 육체와의 결합이 아직 덜 되었고 수면시간도 매우 많으므로 그만큼 영혼은 유동적이다. 이 때문에 태어난 이후라도 더 강한 탄생 욕구를 가진 영혼이 몸을 빼앗기도 한다. 강한 정신력을 가진 영혼이 이미 육체가 결정된 영혼의 자리를 빼앗아 태어나면 먼저의 영혼의 개성에 따라 생성된 신체가 비록 왜소하고 허약해 보일지라도 건강한 체질을 가진다.

필자는 자라면서 형에게서 억눌림을 받았다. 동생을 대할 때의 권위적인 행위는 물론이고 평소에도 공포감을 가지고 편한 관계를 유지 할 수 없었다. 내가 학생 때 한동안은 형에게서 이유 없이 내가 싫다는 소리마저 들으며 학대를 당했다. 그 시기에는 내가 누워있는데 위에서 형이 나를 때려죽이는 듯한 꿈을 여러 번 꾸었다.

　이전에 형 아래에는 누나가 있었는데 두 달이 안 돼 죽었다고 한다. 나는 이 사실을 크게 아쉬워하면서 성장기를 지냈다. 후에 어머니께 자세히 들어보니 형과 누나를 동시에 양쪽 젖을 먹여 키웠는데 형이 젖을 질투하여 어머니가 자리를 비운 사이에 자리에 누워있던 아기를 빗자루로 때려 크게 다쳤다. 그런데 집안에서는 딸이라고 하여 태어날 때도 기뻐하지 않았기에 그다지 치료를 시키려 하지 않았다. 결국 방치하다 죽고 말았는데 할머니 즉 어머니의 시어머니는 오히려 잘됐다는 투였다고 했다.

　어머니가 계실 때에는 위의 두 이야기는 전혀 별개의 이야기였다. 그런데 어머니 별세 이후 내게 들어오는 생각이 내가 바로 그 누나였지 않은가 하는 것이었다. 그 이전 90년대에 전생탐구 붐과 함께 나 자신의 전생에도 약간의 관심을 두고 탐구한 바 있었지만 전혀 연관을 짓거나 상상한 바가 없었다. 영혼계에서 지상에서 인연 있었던 자들과의 모든 관계를 파악하게 된 어머니가 이윽고 그 사실을 알려준 것이다.

　어릴 때 사망하여 業을 정리하지 못한 영혼은 그 가족에 다시 태어날 확률이 매우 높다. 하지만 반드시 곧바로 태어나는 아이로 다시 나는 것은 아니다.(필자는 위에서 말한 형과의 사이에도 형들이 더 있다.)

과거 잠을 잘 때 가족을 포함하여 누가 나를 죽이지는 않을까 겁을 먹고 지냈던 적이 많았다. 그리고 내가, 통상 남자가 여자를 원하는 것과는 다르게 여성을 동경하거나 반감을 갖곤 했던 것도 설명되었다.

필자가 다섯 살 안팎이었을 때 동네에는 예쁘다고 알려진 여자아이가 있었다. 그런데 나는 그 아이를 질투하여 매우 미워했다. 한번은 그 아이와 시비하던 중 돌을 던져 그 아이 앞에 굴러떨어졌다. 그 아이의 할머니 등이 우리 집에 와서 싸움이 났는데 집에서는 단순한 애들끼리의 다툼으로 보았지만 나는 그때 매우 두려웠다. 그 아이를 해할 목적으로 돌을 던졌던 것이었기 때문이었다. 얼마 후에는 그 아이가 동네의 작은 비탈에서 넘어져 다치는 일이 있었는데 다행히 별일은 아니었으나 나는 그때 그 일이 내가 행한 저주에 따른 것으로 인식하면서 그 아이에게 해가 끼치길 바라고 있었다.

이외에도 여성을 포용의 대상으로 보지 않았던 여러 괴로운 기억들이 설명되었다. 이후 자라서 세상을 비판할 줄 알게 되었을 때 전통적인 남아선호 사상을 남자로서 자연스럽지 않을 만큼 혐오하였던 것도 설명되었다.

* 조상의 공과를 자손이 물려받는 것일까

성서의 십계명에서는 선행과 악행의 보응은 자손에까지 이른다고 했다. 지상에서의 관점으로는 부모의 공과(功過)를 자손이 받는다는 것은 납득하기 어려운 불공정한 처사이다. 그러나 우리 전통사상에서는 이러한 관념이 더욱 강했다.

여기서 자손이라 표현한 의미를 그 자신의 환생으로 볼 수 있다. 그런데 자신의 집안에 다시 태어나는 것은 삼사 대 이상의 간격이 있어야 한다. 곧바로 태어난 자식은 유복자가 아닌 한 환생과는 무관한데[2] 그래도 부모의 공과를 받는다는 인식은 전통적으로 있다.

이는 부모의 업적에 따라 그에 맞는 자손이 선택하여 오는 것으로 보면 된다.

어떤 사람이 부정한 방법으로 많은 부를 쌓아 그것을 자손에게 남겨주었다고 하자. 그렇다면 재물을 쌓을 동안에 피해를 받은 사람들과 그 집안사람들과의 연은 계속 이어져 그 집안에 해가 돌아올 것이기 때문에, 물질이 반드시 행복을 주지는 않는다는 것을 배우기 위한(혹은 그 사실이 공개되어 사람들에게 가르치기 위한) 영혼이 자손으로 찾아올 수 있다. 간혹 있는 재벌가 자손의 불행 등이 그것이다.

---

2) 고전소설 〈신유복전〉은 주인공이 부친의 후생일 것임을 시사(示唆)한다.

반면에 비교적 올바른 방법으로 재산을 쌓은 집안에는 업에 의한 외부로부터의 해가 그다지 오지 않기 때문에 재산을 자신이 뜻하고자 하는 영향력을 행사하는 힘으로 활용할 영혼이 찾아올 수 있다. 물론 그 힘을 옳은 방향으로 행사하느냐 그렇지 않느냐는 그 자손으로부터의 새로운 업이다.

유교에서는 환생을 말하지 않고 자손이 업을 승계한다고 하였다. 사람이 자신의 선행과 악행에 대한 보응을 받지 않고 죽는 경우 그 자손이 받는다고 하였다. 그러나 선교사 마테오리치(1552~1610)는 현세에서 보답한다고 해야 보잘것없으며 모든 사람이 자손이 있는 것이 아닌데 옳지 않다고 반박했다. 선악의 보답을 다른 사람에게로 옮긴다는 것은 우주의 이치를 혼란스럽게 하는 것이며 각자가 자기의 보답을 받는 것이 옳다고 하였다. 십계명을 잘 알고 있을 천주교 선교사도 단지 육체적인 자손이라고 업보가 타인에게 승계된다는 것은 불합리하다고 보았다.

유교의 교리대로 자신의 선행으로 (여러 대 후의) 후손이 덕을 보는 이야기는 많이 있다. 그러나 생전에 직접 재산승계 등으로 덕을 보는 후손 이외에 훗날 정말 그 조상의 은덕에 따른 운수로 덕을 보는 자손은 결국 그 자신의 환생이다. 부모의 죄로 자식이 고통을 겪는다는 말은 부모의 죄에 그런 인연이 얽히기 때문에 그에 맞는 운명을 탄 자손이 선택하여 태어나는 것이지 부모의 죄를 억울하게 이유 없이 자식이 받는다는 것은 있을 수 없다.

조상의 죄에 따른 벌을 받는다든가 조상의 은덕으로 복을 받는 다든가 하는 것은 인간사회에서의 쾌락감각에 의한 주관적 평가일 뿐이다. 본질은 영혼단련을 위한 과업을 수행함에 있어서 먼저의 생에 못다 한 것이 있으면 다음 생에 다시 이어지는 것이고 이것이 세상에서 육체를 가진 인간의 감각에 의해 벌 혹은 복으로 평가되는 것이다.

널리 알려진 소설 《太白山脈》의 종결부에는 이 나라를 위해 일해야 할 '생각 똑 부러진 사람들'이 동학혁명 때 일어났으나 절멸되고 한 세대가 지나고서 삼일운동으로 일어났으나 역시 탄압받아 절멸되고 다시 한 세대가 지난 해방 후와 전쟁의 격동기에 일어났으나 또 절멸되고 말아 나라가 제대로 서지 않는다는 말이 나온다.

조선조의 양반지배사회의 모순을 겪고 그 타파를 위해 봉기했던 영혼들이 당대에는 뜻을 이루지 못하였다. 이들의 역사관으로서는 조선말 양반사회의 병폐와 친일파 득세 그리고 일제지배는 맥이 통하는 것이므로 동학혁명 때 피살된 이들이 환생하여 성년이 된 시기가 되어 다시 삼일운동을 일으켰다. 그러나 이 역시 탄압받아 이루지 못하였는데 삼일운동 때 피살된 이들이 환생하여 성년이 된 해방 후의 전쟁 시기에 다시 민족운동을 일으킨다. 이 역시 당시까지도 생생한 '친일세력'의 탄압을 받아 실패하였다. 그런데 소설에는 나오지 않지만, 그 이후 다시 환생한 이들이 성년이 되는 1980년대 이후에는 그들이 탄압을 받았어도 절멸하지는 않았으므로 그들의 뜻대로 어느 정도씩 이루어져 가고 있는 것이다.

물론 해당 소설에는 그들이 환생을 거듭하여 다시 일을 도모한다는 서술은 전혀 없다. 소설에서 영혼과 환생에 관한 서술을 남발하면 긴장도가 떨어지고 현실감이 없어진다. 소설은 나타내고자 하는 것을 현실에서의 현상을 본떠 상징하는 것이지 근본적인 것을 설명하려는 것이 아니기 때문이다. 설령 판타지라 하더라도 지구와 다른 그 나름의 공간을 차용하고 그 공간에 충실해야 하지 영혼계의 영향력을 직접 개입시키면 이야기와 장면 설정의 의미가 없어진다. 그러므로 겉으로는 영혼계의 원리를 서술하지 않지만, 작자가 영혼계의 원리를 인식하면서 스토리를 전개하는 것은 효과적이다.

* 가족 간에 악연이 있다면 업장(業障)을 줄이는 중요한 기회

예수는 '내가 세상에 和平을 주러 온 줄로 생각지 말라 화평이 아니오 劍을 주러 왔노라 내가 온 것은 사람이 그 아비와, 딸이 어미와, 며느리가 시어미와 不和하게 하려 함이니 사람의 원수가 자기 집안 식구리라'고 했다.(마태복음 10:34~36)

세상에 예수가 왔다 간 뒤로는 가족끼리의 싸움이 더해지겠다는 뜻이니 이것을 두고 도무지 무슨 가르침인가 갸우뚱할 수 있다. 물론 기독교로서는 가족보다 예수에 대한 신앙을 우선해야 한다는 의미로 보면 되지만 회의론적인 안목으로는 이해가 가지 않는다.

그러나 이 또한 결국은 인간의 영혼이 교류하며 단련하고 화평으로 나아가기 위한 과정이다. 앞으로 더욱 전생의 원수였던 영혼들이 가족으로 태어나는 일을 늘리겠다는 것이다.

전생에 살육전을 벌였던 원수들이 후생에도 대립하는 집단으로 태어나 또다시 영토나 재산분쟁 등의 물질적 이익을 놓고 싸우며 숙원을 재생산하는 것보다는, 가족으로 태어나 신앙의 문제로 갈등을 겪는 것이 영혼의 성장에 더욱 본질적인 보탬이 될 것이다. 신앙을 두고 대립하는 것은 물질을 두고 대립하는 것보다 그 극복하는 과정에서 진리를 깨닫고 영적인 성장을 더욱 취할 수 있다. 가족관계는 쉽사리 뗄 수 없는 관계이니만큼 서로의 다른 신앙을 수용하고 이해하려는 노력을 더욱 할 수밖에 없을 것이다. 이를 거쳐서 각각의 신앙들이 화평한다면 다른 어느 방법 이상으로 전생의 악업을 풀고 영혼이 화해할 수 있을 것이다.

혹시나 가족 간의 불화를 겪고 가족 간의 악연이 의식된다면, 이번 생이 업장을 줄이는 중요한 기회임을 인식하여야 할 것이다.

국내에서 대청풍운(大淸風雲)으로 소개되었던 중국 드라마 청관

풍운(淸宮風雲)에서는 윤회의 원리를 말하지는 않지만 가족 간의 전형적인 업보 해소의 스토리가 전개된다.

청황제 황태극(皇太極)이 죽고 태자가 아직 어릴 때 숙부 도르곤(多爾袞)이 섭정하여 어린 순치제(順治帝)를 보좌하고 이 시기에 청나라는 중국을 정복하였다. 우리의 조선 세조 그리고 중국의 송 태종, 명 영락제(永樂帝)처럼 숙부가 조카의 왕위를 빼앗는 것과는 달리 숙부가 충성을 지킨 예였다.

그러나 실상 도르곤과 순치제의 관계는 원만하지 못했다. 순치제가 태어날 때 그의 어머니와 친한 도르곤이 와서 그를 안자마자 순치제는 울음을 터뜨린다. 자라면서, 권력을 가진 도르곤이 마음만 먹으면 황제에 오를 수도 있는 상황에서 순치제는 불안해하며 수시로 숙부가 목을 조르는 꿈을 꾼다.

많은 갈등에도 불구하고 도르곤은 자신이 통일한 나라를 조카에게 주고 죽는데 그 전에 순치제는 의심을 풀고 황부(皇父)라 부르며 화해한다.

목을 조르는 꿈은 순치제가 전생에 숙부 도르곤의 前 인격으로부터 살해당한 기억이다. 숙부가 안자마자 울음을 터뜨린 건 그 사실을 기억하기에 안기기를 거부하는 것이다. 전생에 순치제를 살해한 원수가 도르곤이었지만 현생에서 도르곤은 통일의 대업의 성과를 조카에게 바치며 죄를 갚았고 조카는 의심을 품으로써 화해와 용서를 하였다. 비록 픽션이 다분한 사극이지만 가족과 친척 간의 갈등을 어떻게 풀어야 하는가를 보여주는 모범이라고 할 것이다.

함께 살기로 인연 지어진 부부 사이에 가정폭력 등 상대방에 해를 끼치고 싶은 충동이 자주 일어날 수 있다. 당연히 전생에 해를 당한 것에 대한 복수의 욕망이다. 그러나 그런 충동이 일어날 때마다 자비로 누그러뜨리고 대신 사랑으로 배우자를 대하면, 그렇게 한 매일 매일이 자신이 영적으로 덕을 쌓는 보람 있는 하루하루가 되므로 긍지와 뿌듯함으로 보낼 수 있을 것이다.

* 사형제 폐지 여부는 국민 수준에 맞춰야 한다

인간의 범죄에 대한 인간의 보복은 금지하여야 한다는 취지에서의 사형제 폐지논리는 여전히 국제사회에서 힘을 가지고 있다. 그런데 이 사상의 바탕은 지극히 종교적인 논리에 따르는 것이다.

즉 전적으로 악인이라 할 수 있는 사람도 세상에서 살 권리를 주고 또 충분히 살게 하는 것은, 인간의 영혼을 현생에서 수양(修養)하여 선화(善化)하고 돌려보내야 한다는, 인간사회의 의무에 따른 것이다.

그러므로 범죄에 대한 대응에 있어서는 사형제폐지의 논리에 하자(瑕疵)가 없다. 다만 범죄예방을 위한 경고의 의미로서가 관건이 되는데, 사형제폐지와 흉악범죄발생과의 연관성은 나라와 사회마다 다를 것이다.

국민 전반에 종교적 철학이 내재해 있어 현세의 범죄는 인과응보를 받을 것이라는 의식이 보편화한 사회라면 인간에 의한 처벌 아니고도 하늘에 의한 처벌을 두려워할 것이므로 사형제폐지는 설득력이 있다. 그러나 그렇지 않은 유물론적 사고방식이 퍼진 사회라면 사형제폐지는 흉악범죄의 증가를 막기 어려울 것이다. 국내의 사형제폐지론자들은 과연 우리 국민 전반에 인과응보의 인식이 보편화되어 있는가를 살펴야 할 것이다. 사형제폐지는 국민 수준과 병행되어야 한다.

현재로서 어느 쪽으로의 완전한 결정이 어려우면 중간적인 조치로서 가끔 미국에서 들려오는 것과 같은 흉악범의 오랜 수감 후의 집행이 설득력이 있을 것이다. 살아서 징벌을 받는 것이 더 큰 징벌이라는 생각은 유물론적 사회의 우범자에게는 기대할 수 없다. 남의 생명을 앗으면 자기도 충분히 죽을 수 있다는 인식이 있어야 살인충동을 제어할 수 있다.

다만 정치범과 단순강간범에 대한 사형은 배제하는 것이 순리이다. 독재자에게는 정치범이 살인보다 중범죄이고 위선자에게는 강간이 살인보다 더 의협심을 돋게 한다. 이들 죄목이 일부의 시각으로는 살인보다 큰 죄로 보일지라도 비 살인자에 대한 사형은 보응의 격이 맞지 않는다. 사람을 죽이지 않은 범죄자를 사형에

처하고 집행한 담당자는 그 스스로 살인의 업보의 개시자가 되어 살인자와 다를 바 없는 업을 쌓게 된다.

어린이에 대한 범죄는 피해자로 하여금 평생 정신적 충격을 안고 살게 하므로 실제의 물리적인 가해 이상으로 엄중처벌이 불가피함을 모두가 인식하고 있다. 마찬가지로 살인의 피해자는 다음 생에서도 피해망상을 가지고 살게 되니 그 피해는 생각보다 막대하다.

얼마 전에 중국인들끼리 한국에서 살인을 한 적이 있었다. 중국 내에서는 살인하면 곧 사형이 되지만 한국에서는 사실상 없으니 가해자는 의도적으로 피해자를 한국으로 유인하여 저질렀다는 비약적 추측도 가능하다. 현세에서의 이러한 한국방문과 마찬가지로, 영혼이 영혼계에서 태어날 나라를 선택할 때, 만약 한국에서 살인죄에 관대한 풍토가 계속된다면 살인을 기획한 영혼이 한국을 찾아들 경우가 많아질 것이다.

* 지상의 인생은 영혼 진화과정의 축소판

근래는 노인들의 성문란 및 범죄의 문제가 적지 않다고 한다. 노인들의 체력은 늘어 젊은이 못지않은 욕망이 있는데 사회현실이 뒷받침 못되어서 생기는 현상이라고 한다. 중년을 넘어 나이 먹어가는 사람이라면 누구나 부끄러움을 느낄 현상이다.

인간은 혼자이면 당연히 외로움을 탄다. 인간은 사회적 동물이다.

보통의 젊은이는 외로워질 염려는 별로 없다. 젊은이들은 남들이 가만 놔두지 않는다. 그들을 대하기에는 사회적 관계가 부담스럽지 않고 그들의 신선한 외모는 대하는데 즐거움을 준다. 남자는 힘을 잘 쓰기 때문에 각처에서 필요로 하여 자발적이든 강제적이든 홀로 있을 겨를이 없다. 더욱이 여자는 선망의 대상으로서 외로울 겨를이 없다.

그러나 중년 이후 인간의 신선감 있는 매력은 없어진다. 물론 이를 대치할 인간적 자산으로서 연륜에 따른 정신적 소양을 채워야 한다.

하지만 정신적 소양으로 보충한다고 해서 젊은 시절 못지않게 인기가 있기는 어렵다. 세상에는 남을 이용하려고 필요로 하는 사람은 많아도 남에게 배우고자 다가오는 사람은 드물기 때문이다. 결국은 혼자서도 풍요한 정신세계를 즐길 만큼의 정신적 자산이 내면에 축적되어야 연륜에 따른 품위를 유지할 수 있다.

지상의 연륜을 더해가면서 그동안에 영적인 성장을 취하지 않는다면 생을 낭비하는 것이다. 지상의 삶은 영혼 진화과정의 축소판이다. 한 인생 안에서도 직장을 옮기는 때와 같이 새로운 삶을 시작하는 시기가 있다. 그 초기에는 비록 미숙했더라도 적응과 발전을 거쳐 후기에는 좋은 성취를 얻어야 한다. 인생 또한 영혼의 진화과정에서 그 한 단계이다. 젊어서 비록 실수와 과오가 많았다 하더라도 만년에는 영적 원리에 맞는 삶을 살아야 한다.

이렇게 한 생애를 영혼성장을 위해 바치고도 더 만족스러운 삶을 살기 위해서는 더 많은 윤회가 필요할 수 있다.

회사에 새로 들어온 간부직원은 비록 능력은 있더라도 그다지 발언권을 갖지 못하는 것을 볼 수 있다. 사회 여러 분야에서는 새로 자기네 분야로 들어온 자에 대한 텃세가 있다. 이것이 좋은 것은 아니지만 늦게 들어온 자로서 감수해야 할 과정으로 여기고 그다지 억울해하지는 않는 것이 관행이다.

마찬가지로 한국사회에서의 생애가 비교적 익숙한 영혼이 한국지방에서의 관습 등에 잘 적응하여 한국사회에서 성공하고 잘해 나갈 수 있다. 즉 한국에서의 전생의 경력이 많아야 한국에서 출세한다. 적지 않은 사람들이 충분히 능력이 있는데도 성공을 못하는 것은 그의 업이 아직 한국사회에 부족한 것임을 깨달으면 너무들 억울해할 필요는 없다.

한국이 아닌 다른 나라에 태어났으면 더 잘되었을 것이라는 평을 받는 사람도 있다. 그 사람의 기질이 미국 혹은 유럽 등의 지방에 오히려 맞았다며 잘못 태어났다고 아쉬워하는 것이다. 그러나 그것은 그 사람이 미국 혹은 유럽의 사회에 이미 익숙한 영혼으로서 그쪽 나라에서의 영혼수련을 마치고 한국이란 곳에서 새로이 부족한 면을 보충하고자 다시 태어난 것이다. 그러므로 새로이 한국사회라는 곳을 잘 익히면 되는 것이고 마음에 들면 훗날 다시 태어나 사회적 성공을 하고 마음에 들지 않으면 다시 태어나지 않으면 되는 것이다.

중국의 경우 지식인들이 중국사회의 문제점들을 지적하며 '다시는 중국인으로 태어나지 않겠다'(시적 명칭)는 '결의'를 한 바 있다.

지구에서의 전생이 많지 않으면 지구에 아직 익숙지 않아서 지구에서의 처신에 미숙할 수가 있다. 지구상의 신체구조에 적응이 잘 안 돼 건강하지 못하기도 하다. 전생자체의 수효가 적은 어린 영혼의 경우도 있지만 특히 외계의 다른 행성에 오랫동안 맞춰져 있다가 새로이 지구에 온 영혼은 지구상의 환경과 부조화하게 된다. 이 중 지적인 능력이 부족하면 지구에서 정신지체자로 행세하고 지적인 능력이 있으면 망상적인 사람으로 살아갈 수 있다. 회사든 모임이든 새로 들어온 구성원을 환영하며 빠른 적응을 위해 돌봐주어야 하듯이 지구에 먼저 온 자들은 지구에 늦게 온 자들을 마땅히 돌봐주고 인도해주어야 할 것이다.

* 생업은 영혼 단련과 향상의 수단

지상에서 생애의 목적은 자기에게 주어진 영적 향상의 길을 밟아나가는 것이다. 그 향상을 위해서 사람은 자기 나름대로의 과업이 있다.

  메이저리그에서 고액연봉을 받아 생활문제와는 이미 상관이 없는 박찬호 투수는 미국에서 전성기가 지난 후에 여러 팀을 본의 아니게 오가는 수모를 받은 후 일본에 와서도 성적이 좋지 않자 놀러 왔느냐는 모욕까지 받았고 다시 한국으로 내려오면서까지 야구를 계속하고 있다. 이는 공을 던지는 정신집중 상태가 그에게는 영적 성장에 있어 가장 효과적이고 현생에 주어진 본분이기 때문이다.

  박찬호의 경우는 오히려 이해하기 쉽지만, 다음과 같이 이해하기 더 어려운 경우도 있다.

  중국 절강성(浙江省)에는 부를 쌓기 위하여 열심히 일하는 사람들이 많다. 그런데 이미 상당한 재산을 가졌으면서도 일을 위해 건물 지하관리실 같은 곳에서 숙식하며 궁색하게 사는 부자들이 있다.

  이 사람들이 하는 말은 "사람들은 더 즐기고 살 수 있는데 왜 그렇게 사느냐고 우리에게 묻지만 우리는 더 벌 수 있는데 왜 벌지 않느냐고 반문한다."이다.

  돈 버는 일에만 몰두하는 사람을 흔히 욕심 많은 사람으로 본다. 물론 그런 사람이기 때문에 돈만을 중요시하는 가치관을 가질 수는 있다. 그러나 배금주의란 돈이란 뭐든지 할 수 있다는 소신에 따른 것이기 때문에, 수단을 다해서 많이 버는 것과 함께 사치스러운 소비가 있어야 성립된다. 쓰는 것에는 큰 관심이 없고 버는 것에만 집중하는 사람에게는 다른 평가가 주어져야 한다.

세상 사람들 중 일부는 연예, 스포츠 등 자기의 특별한 재능으로 살아가기도 하지만 대부분의 사람들은 제품 생산이나 상업을 통해 수익을 내는 업에 종사한다. 이것은 생활을 위한 수단이기도 하지만 그 사람들의 영혼이 지구에서 단련되고 성장하기 위한 수업과목이기도 하다.

즉 돈을 벌기 위한 노력 그 자체가 박찬호의 투구와 마찬가지로 자기실현이며 존재감을 인식하는 수단이다.

생활을 위한 돈과는 상관없는 입장의 투수가 자기의 성적을 위해 최선을 다하듯, 비록 생활을 위한 돈은 이미 넉넉히 있으나 자기 존재의 실현이며 영혼단련의 방법으로서 그들은 할 수 있는 한 더 돈을 벌고자 하는 것이다. 자기의 여유를 즐기는 데 쓴다는 것은 실상, 여행하며 사색하거나 특별한 취미를 갖거나 하는 등의 인생가치 추구의 다른 수단을 개발해놓은 입장이 아니고서는, 공허한 것에 지나지 않는다. 골프나 사우나 업소들을 돌아다녀 봤자 돈을 벌게 됨으로써 얻는 성취감보다는 못하기 때문이다.

그 돈으로 남을 위해 좋은 일을 해야 하지 않느냐는 의문이 생길 것이다. 하지만 돈을 많이 가진 사람이 특정 단체나 목적을 위해 기부하는 행위는 때때로 미담으로 보도되지만 최선의 길이라고는 볼 수 없다. 재화를 사회를 위해 어떻게 사용하느냐는 것은 그 나름대로 고도의 전문적인 판단이 필요한 사안이다. 이러한 능력을 상속재산 혹은 단순노동의 결과로 부를 쌓은 사람이 가지고 있다고는 생각하기 어렵다. 고급전문직 출신이라도 역시 자기의 분야는 아니다. 국회의 감시 아래 정부의 훈련된 공무원이 담당해야 한다.

미국의 컴퓨터 업계에서 스티브 잡스와 빌 게이츠는 자주 비교되곤 한다. 윈도즈의 확산 시기에는 빌 게이츠가 더 우선되기도 했으나 근래에는 IT기기 전반의 발전을 주도한 스티브 잡스가 뚜렷한 족적을 남긴 인물로 더욱 인정되고 있다. 아무튼 간 두 사람은 이제 세상에서의 정보과학 선진화를 위한 역할이 끝난 사람들이다. 다만 빌 게이츠는 지상의 영혼의 판단에 의해 스스로 그 역할을 그만두었고 스티브 잡스는 지상의 영혼은 더 계속하고자 했으나 천상의 영혼이 이만하면 되었다고 판단하여 거두어들였다는 것이 다르다.

일각에서는 두 인물을 평하면서 스티브 잡스는 이기주의적인 인물이지만 빌 게이츠는 기부를 많이 한 훌륭한 인물이라고 말하기도 한다. 그렇지만 빌 게이츠의 자선활동 역시, 사회복지를 위한 재정지원 정책을 정부가 하지 않고 기업인이 하게 된다는 비판이 존재한다. 기업인은 사업을 열심히 하고 세금만 잘 내면 된다는 것이다. 중요한 것은 정부가 얼마나 할 일을 하느냐는 것이지 이익창출과 고용증대에 전념해야 할 기업인이 일 못하는 사람들을 위해서 마음을 쓰고 심지어 월권을 해야 할 이유는 없다.

하지만 빌 게이츠가 현재는 기업인이 아닌 다른 직분(자선사업)을 가진 자라고 한다면 어느 정도 합리화는 될 것이다. 남은 것은, 사회 잉여재화를 공공의 이익을 위해 어떻게 써야 하는가를, 국민의 선출된 대표가 아닌 단순 재력보유자가 하여도 무방한가 하는 자격 시비일 것이다.

주변이나 공공사회에서, 많은 돈을 벌지만 기부에 '인색한' 부자가 있다고 해도 그가 헛된 과시를 한다거나 부도덕한 목적을 위해 돈을 쓰지 않는다면 그를 탓할 수는 없다. 오히려 재력을 활용한 영향력행사에는 자신의 능력이 따르지 못함을 인정하고 본분을 지키는 사람이다. 세금만 착실히 내면 그는 역할을 다하고 있는 것이다. 그가 창출한 사회 잉여자본을 더욱 효과적으로 활용할 책임은 국가에게 있다.

* 인연의 대소는 세상의 관계와 일치하지는 않는다

몇 해 전 인기연예인 최진영 씨의 자살사망사건이 일어났다. 남매의 불행의 원인을 두고, 사람들은 우선 최진실 씨가 조성민 씨와 결혼한 것부터가 문제라고 할 수도 있고, 조금 생각이 있는 사람은 명예와 부를 감당하기 어려운 그들을 지도해줄 어른의 부재가 원인이라고 말할 수도 있다.

사람은 인생에 살면서 여러 인연을 만난다. 그중에는 작은 인연도 있고 아주 중요한 인연도 있다. 가장 중요하고 가까운 인연은 아마도 각자 스스로 느낄 것이다. 그러한 인연의 멀고 가까움이 반드시 인간사회의 관습과 규범에 편리하게 일치하지는 않는다.

사람들은 일생을 매일같이 함께 사는 부부[3]가 가장 가까운 인연으로 생각한다. 기실 윤회를 고려하지 않는다면 수십 년을 함께 산 부모형제보다 부부를 더 가까운 관계로 인정하는 것은 어불성설이다. 부부 관계는 윤회를 인정하는 토대 위에서 성립되는 관계이다. 현생에서 오래 함께 산 친밀함이 있지 않아도 부부는 전생의 기억 때문에 부모형제보다 급속도로 가까워지는 경향이 있는 것이다.

그런데 모든 사람이 자기와 가장 가까운 인연의 사람을 배우자로 맞는 것은 아니다.

최진영 씨 남매도 결국 그들에게는 오누이 이상 가는 중요한 인연은 없었던 것이었다. 비슷한 예로 가수 현이와 덕이 남매의 예도 있다. 그리고 상황이 다르지만 마찬가지로 학자 김동길 김옥길 교수의 인연도 오누이가 가장 깊은 인연 사이였던 예이다.

그 외에도 부모자식간 형제자매간에 가장 가까운 인연을 타고난 경우도 많이 있고 혈연이 아니면서 부부도 아닌 사이가 가장 질긴 인연이 되는 경우도 적지 않다.

---

[3] 여기에서 부부는 반드시 법률적인 부부만을 말하는 것이 아니라, 가장 가까이 지내는 남녀를 통칭한다.

부부가 가장 가까운 인연의 사람으로서 금슬 좋게 백년해로하면 물론 좋다. 하지만 그것만을 가정생활의 모범으로 삼아 홍보하고 모든 사람들이 따라야 하는 것으로 강박관념을 심는다면 결코 절대다수의 최대행복에 근접하기 어렵다. 인간은 운명의 지배를 받으며 그 안에서 어느 정도의 노력으로 극복할 수는 있지만 전체의 구도를 바꾸기는 불가능하기 때문이다.

부부의 연이 좋은 자들의 입장에서 부부간의 좋은 금슬만이 인간행복의 성취라고 주장을 한다면 이것은 현생에 부유한 운을 타고난 자들이 가난한 운을 타고난 자들을 황금만능주의로 억압하는 것이나 마찬가지이다.

물론 그렇다고 이혼을 쉽사리 해도 좋다거나 혼인을 그저 인생에서 선택의 문제인양 여겨도 좋다는 것이 아니다. 모든 사람 관계에는 인연이 설정한 한계가 있으니 부부를 포함한 모든 사람 관계에 적당한 거리를 두고 여유롭게 지내야 할 것이다.

남자가 정복하고 지배하고자 하는 욕구의 불만을 해결할 대상으로 아내를 대한다거나 여자가 남편을 자기만을 위해 봉사해줄 자로 의식하여 높은 기대치를 갖지는 말아야 한다. 반면에 부부 이외의 사이로서 아무리 가까운 인연의 사람 간이라도, 근접의 정도에서 현실사회규범으로 설정된 한계가 있으니 절제해야 한다. 장성한 자식에 대한 부모의 지나친 집착 등이 그 예이다.

과거 시대에 순장(殉葬)이 있었고 순사(殉死)가 칭송되었던 것은 다음 생에 다시 밀접하게 인연을 맺게 하려는 목적이다. 물론 개개인의 현생에서 최대한의 성취기회를 보장하는 것이 미덕인 현대사회에서는 옳지 못하다. 단지 휴머니즘의 차원에서 뿐만이 아니라, 일단 맺어진 인연끼리만 동반 환생하여 거듭 유대를 강화하는 것보다는, 남은 사람이 지상에서 새로운 인연을 다시 만나곤 하여, 인연이 다양하게 분화될 기회를 만들어주어야 하는 이유에서이다.

* 연장자가 연소자를 잘 대해줘야 하는 이유

필자의 청소년 학생 시절 어린 여동생의 친구가 집에 자주 놀러왔다. 그런데 어느 날 집에서 놀다가 내가 소중히 여기는 영어사전을 찢었다. 사전은 수십 페이지의 부분이 없어져서 못쓰게 되었다. 크게 야단을 치거나 불만을 터뜨리며 싸울 대상이 아니었기에 나는 속으로만 그 애를 미워할 수밖에 없었다.

그 후 그 애가 길에서 오토바이에 치였는데 가난하고 무지한 그 애의 부모는 상처만 싸매고 다시 놀러다니게 그대로 두었다. 하지만 며칠 후 그 애는 죽고 말았다.

이 일이 이미 수십 년이 흐른 2010년 유난히 그 일이 다시 떠올랐다. 어린아이의 죽음처럼 사람을 슬프게 하는 것이 없다. 그런데 그때 그 아이의 죽음을 이웃으로서 충분히 함께 슬퍼하지 않았던 것이 아닌지 가책이 되었다. 내가 그 애를 미워한 것이 악영향을 주지는 않았는지 비약적인 추측도 하며 그 아이에 대한 안타까움이 자꾸만 떠올랐다.

더불어 생각되는 것은 내가 그 아이의 환생을 보았다는 느낌이었다. 그 해는 2009년으로 추정되지만 그 해에 특별하게 중요한 젊은이를 만났다는 것은 잘 기억이 나지 않았다.

계속 떠오르는 그 아이에 대한 아쉬운 생각을 풀고자 내가 가지고 있었던 나름의 능력을 사용하여 문답식으로 추정해나갔다.

스스로 최면을 취하듯이 차분히 마음을 가라앉히고 스무고개식으로 내면의 자기에게 질문하여, 긍정이면 집게손가락을 들리고 부정이면 새끼손가락이 들리게 하는 능력인 최면요법을 1990년대 중반 시술받은 후 지금까지 유지하고 있다. 이 방법은 자신의 전생추정에도 써보긴 했지만(필자는 생생한 전생퇴행시술을 받은 경험은 없다.) 가끔 집안에서 잃어버린 물건을 찾는 데에 효력을 증명하기도 했다.

그러자 내가 관심을 안 두고 있었던 일이 상기되었다. 2009년 12월 인터넷 대화를 하다 한 중국인 한국유학생을 알았다. 그녀는 만나고 싶다는 흔한 이야기를 했는데 제주도에 있어서 쉽게 만날 만한 상황은 아니었다. 그러다 며칠 안 돼서 내가 한국 사람으로서 제주도를 한 번도 안 가봤으니 가보겠다는 생각에 제주도로 갔다.

제주도에서 그녀를 만나고 그녀의 친구 포함해 셋이서 대화를 했다. 한국에 유학 오면 서울에 오고 싶었는데 돈이 부족해 제주도로 왔다는 것이었다. 그녀와의 만남에 특별한 것은 없었고 나는 제주도를 한번 와본다는 것에 의미를 두고 서귀포 해안 등을 관광하며 이박삼일 여행을 마쳤다.

그 만남이 바로 옛 동네 아이의 환생을 본 사건으로 유도되는 것이었다. 그리고 그녀의 모습도 옛 아이와 상당히 유사했음을 상기할 수 있었다.

당시 그 아이의 모친은 "하나님이 데려가셨다. 내 딸이 아니었다." 하며 기독교를 믿게 되었는데 평범한 말이지만 의미가 있다. 그 모친의 자녀로 점지 되었던 영혼이라면 다시 그 모친의 자녀로 태어나거나 적어도 친척으로 다시 났을 것인데 그러지 않고 중국에서 태어난 것은 그 모친의 딸로서의 업보다 우선한 것이 있었던 것이다. 그러나 전생의 미완된 업에 대한 그리움으로 한국을 온 것이다.

이것만을 두고 그녀의 전생이 그 아이리라고 추정하는 것은 조금은 개인적인 상상이 아닐까 생각될 수도 있다. 그러나 비슷한 느낌의 사례가 이미 알려진 자료에도 있다.

캐나다 밴쿠버에 사는 어느 부부가 어린 딸이 죽어 상심에 빠져 그 뒤로는 아이를 갖지 않았다. 이십 년이 지난 후 아내도 암으로 잃은 남자는 어느 날 공원 벤치에 있었다. 그때 스무 살쯤 되는 여자가 나타나 옆자리에 와서 앉겠다고 했다. 그녀는 자기를 소개하며 영국에서 자랐는데 밴쿠버가 특별히 좋아서 캐나다에 왔다는 것이다. 그때 딸이 다시 온 느낌을 받았다고 한다.

나이 먹은 이는 자기와 접하게 되는 젊은이를 잘 대해주어야 한다. 자식이나 친척은 두말할 것 없겠으나 잠시 만나 대화한 이라도 소중히 생각해야 한다. 그들은 전생에 당신의 젊은 시절을 보았을 것이다. 그들이 태어난 이유도 당신이 아직 지상에 살아 있어서 당신과의 업을 진행해야 했기 때문이다.

친척 등의 어린아이가 유난히 당신을 좋아한다면 틀림없이 전생의 좋은 연이 있는 것이다.

전생을 기억하는 아이가 전생의 가족을 만나기를 매우 좋아하는 일이 있었다. 그런데 자라면서 점차 기억이 없어지면서 그들이 찾아오는 것을 미온적으로 대하게 되고 결국에는 귀찮아하게 되었다. 아이가 이렇게 구체적으로 기억하는 예는 드물지만 잠재심리에서 전생의 여운에 따라 태도를 보이는 것은 일반적이다.

만약 당신과 친한 아이가 아기였을 때는 그렇게 좋아하고 잘 따르더니 초등학교 고학년 경이 되면서 다소 소원해 졌다 해도 그렇게 서운해하지는 말아야 할 것이다. 이전에 그 아이와의 친밀함은 전생의 연이 동력이 되어 왔지만 이제부터는 현생에서의 새로운 관계정립에 들어가는 것이다. 자녀일 경우에도 물론이며 이 시기를 잘 대처해주지 못하면 사춘기의 반항으로 이어질 수 있다.

여자가 남자에게 가져오는 것은 향락이 아니라
슬픔이며 불안이며 어두운 근심입니다.
사랑은 우리들의 가장 심한 괴로움의 원인입니다.
저 여자를 구성하기 위하여 조직된 원자(原子)들은
우리 눈에 기분 좋은 결합을 이룩해놓았지요.
이것은 자연의 한 유희에 지나지 않아요.

〈아나톨 후랑스(1844~1924), 무희 타이스 中〉

남자와 여자의 공존

* 남자는 왜 여자를 구하나

 세상의 삶에서 남녀는 서로를 필요로 한다. 그런데 남녀가 서로 원하는 방식은 대칭 관계가 아니다. 어떤 사람은 여성이 남성을 원하는 것이 더 강하다고 말하기도 하지만 그것은 세상의 삶을 함께할 필요성에 따른 것이 대부분이고 순전한 성적인 동기로 보았을 때 남성의 여성에 대한 갈망이 두드러진다.
 남성이 여성을 원하는 이유를 어떻게 보느냐는 것은 남녀 간의 화합을 이루고 성적억압을 해소하기 위해 중요한 문제이다.
 남성의 여성에 대한 갈망의 근원을 보통 동물적 본능인 번식욕으로 설명하고 있다. 이것은 인간을 물질적 존재로서만 보려는 것으로서 바로 이 책에서 극복하고자 하는 관점이다.

김수환 추기경(1922~2009)은 남녀 간의 성교는 서로 간의 사랑이 바탕이 되어야 의미가 있다고 말하고, 경험도 없으면서 어떻게 그런 얘기를 하느냐고 반문할지 모르지만 세상의 도리를 고려해 보면 그렇다고 하였다. 하지만 김수환 추기경도 과거의 생에 '경험'이 없다고는 결코 단정할 수 없을 것이다.

남녀의 관계를 생리적 욕구만으로 설명할 수 없다는 것은 모두 동의할 것이다. 그렇다면 남자가 왜 여자를 구하는가에 대한 영적 관점에서의 설명이 필요하다.

인간이 육체를 가지고 세상에 사는 것은 영혼을 수련하기 위함이다. 당연히 순수영혼의 상태보다는 힘들고 고된 과정이다.

인생의 수고 중에 간혹 영혼단련을 위한 성취를 얻으면 神은 쾌감을 느끼도록 허락했다. 이 쾌감이란 인간이 육체를 벗어난 영혼상태에 가까워지는 것이다. 영혼상태는 뜻하는 대로 나아가는 상태이기 때문이다.

쾌감은 노력에 의해 실제로 영적 단련 효과를 동반한 것이라면 정당한 것이지만 그렇지 않은 것이면 죄가 된다. 대표적인 것이 마약중독이다. 마약은 인간의 신경을 마비시켜 영혼이 육체에 안정되게 머물지 않고 영혼계에 접하게 한다. 그리하여 상상하고 바라던 것을 실제로 접하는 것처럼 느끼는 쾌감을 준다. 그보다 덜하지만 같은 차원으로서 음주와 흡연이 있다.

자식을 낳기 위한 목적이 아닌 색탐은 죄가 된다. 운동경기 등에서 승리의 쾌감을 얻으려면 고된 훈련이 필요한데, 도박은 이러한 것을 자신의 노력이 아닌 카드 패 등을 통해 쉽게 얻으려는 행위이므로 같은 이유로 죄가 된다.

쾌감은 육체의 한계를 벗어나 영혼계 즉 천국에 열린 상태이다. 영혼계에서는 감각이 뜻대로 이루어진다. 영들은 스스로 인간의 모습을 취하기도 한다. 이때 모습을 자유로이 할 수 있다면 할 수 있는 가장 아름다운 모습을 취할 것이다.

그러나 지상에서는 그런 모습을 취할 수 없다. 지상은 지구의 인력이 있기 때문에 몸을 지탱하기 위한 뼈와 근육이 있어야 하고 음식을 먹고 소화하면서 살아야 하기 때문에 그러한 기능을 가진 내장을 지니고 있어야 한다.

남자는 지상의 생활을 주도하도록 창조되었다. 따라서 지상에서의 효과적인 기능발휘에 초점이 맞춰진 몸을 가지고 있다. 반면에 여자는 천상의 이상적인 모습으로부터 지구상의 기능을 위하여 변화된 정도가 덜하다.

예를 들면 신체는 배가 날씬해야 아름답다. 그러나 남자는 몸이 힘을 쓰게 하려면 그 동력원을 충분히 제공해야 한다. 이 때문에 내장은 작아질 수 없어 운동하여도 배는 어느 정도 이상은 날씬해질 수 없다.

반면에 여자는 지상 활동의 효율성보다는 천상에서 지어진 형태의 유지가 우선이다. 이 때문에 비록 몸에 에너지를 공급하는 능력이 부족해진다 해도 내장이 작아 배를 날씬하게 한다. 때문에 여자는 특별히 운동을 하지 않아도 대체로 아름다운 육체를 가진다.

천사는 여자인가 남자인가 묻는 경우가 있다. 그러나 영은 성별이 없다. 성서에서도 천국에서는 시집도 아니 가고 장가도 아니 간다고 했다.(누가복음 20:35) 그러나 천사가 취하는 모습은 지구상의 여성에 가까울 것이다. 남자의 모습은 지구상의 기능적인 효율을 따라 만들어졌지만, 여자는 그 자체가 미를 추구하여 만들어졌다. 지구의 인력과 같은 물질적 환경에 매이지 않은 곳에서는 여성의 형태도 활동에 전혀 불리할 것이 없다.

이슬람교에서는 천국에서는 남자 하나에 여자가 72명이며 음주와 성행위를 마음껏 할 수 있다고 한다. 이것을 단지종교가 다르다고 비아냥만 해서는 안 된다. 천국에서는 지상에서 유용한 형태인 남자의 모습을 굳이 취할 필요가 없으므로 영이 여성의 모습을 할 경우가 많을 것이다. 음주와 성행위에 준하는 쾌락도 마음껏 누릴 수 있을 것이다. 지상에서 음주와 성행위를 통해 얻는 느낌은 육체에 속박된 영혼을 다소 해방시켜 천국(영혼계)과 통하는 것이기 때문이다. 단지 성행위, 음주 등을 절제하라고 가르치는 것보다는 천국 가면 얼마든지 할 수 있으니 당분간만 참으라고 가르치는 것이 절제력이 부족한 대중을 인도하기에 더 효과적이다.

인간세상에서도 여성을 종종 천사로 비유하는 것은 상투적이지만 근거가 있다. 외모, 목소리, 피부감촉 등 여성이 가진 여러 면모는 남자에게 영혼계에서의 느낌을 되살리는 효과가 있다. 남자가 여자를 원하는 것은 천국에 문이 열리는 쾌감을 얻고자 하는 것이다. 즉 영혼계 존재에 대한 갈망이다. 천국은 길이 금으로 포장되었다는 말이 있다. 금이 인간에게 아름다워 보이는 것은 천국에 흔한 것이기 때문이다. 여성이 아름다워 보이는 것도 마찬가지이다. 여성에 대한 갈망이 여성의 지상에서의 생활을 보호하고 생육을 지원하는 성취를 동반한다면 정당한 것이지만 만약에 이러한 성과를 이루지 않으면서 단지 쾌감만을 얻으려는 것이라면 마약중독과 마찬가지로 자신에게도 죄가 되는 것이다.

　여자가 남자를 원하는 것은 생활을 위해 지상에서 자신보다 더 강한 자로부터 도움을 얻고자 함이 동기이다. 물론 여자도 쾌감을 얻기 위하여 남자를 구하는 경우가 있으나, 이것은 지상에서 자신과 자식을 보호하고 지원할 남자의 존재를 인식함으로써 자식양육 등 자신이 지상에서 성취해야 할 일의 원활한 진행을 느끼는 상태이다. 남자가 세상의 일을 성취하기 위한 과정을 만족해하며 쾌감을 갖는 것이나 마찬가지다. 다만 이것이 거짓이 되면 문제가 되는데 남자와의 교제를 일시적인 유희로 간주하는 여자가 있다면 게임과 도박으로 거짓성취감을 즐기는 남자에 비유된다. 물론 상대남자에게서 어떤 후속책임을 기대하지 않는 정도에 그치는 적당량의 유희는 있을 수 있지만, 마치 그 남자가 자신을 돌보아주고 여성으로서의 성취를 가능하게 해주는 남자인 것처럼 착각에 빠지는 것은 거짓 성취감을 갖는 죄에 해당하는 것이다. 여자가 제비족에 사로잡혀 가정파탄이 나는 경우는 남자가 도박중독에 빠져 폐인이 되는 경우와 같다.

남자가 혼자 사는 상황에 대해 '여자가 그립다.'라는 표현을 자주 쓴다. 이는 영혼계에서의 추억에 따른다. 여성에게서 남성은 지상에서의 협조자일 따름이다. 여자는 남자를 만나고 알게 된 후에야 이윽고 남자를 필요로 한다. 그러나 남자는 여자를 접한 일이 없어도 여자를 '그리워하게' 된다. 이는 여성과는 탄생 이전부터 영혼계에서 함께 지내온 바가 있기 때문이다.

* 남녀는 더 가까이 지내야 한다

현대에는 소외계층을 대변하고자 하는 많은 진보운동가가 있다. 진보주의는 세상의 생성원리에서 더 나아가 지상의 모든 이들 절대다수의 최대행복을 추구하는 이념이다. 그들은 특히 약한 여성의 권익에 치중한다. 그러나 소외된 남성의 권익도 똑같이 고려할 줄 알아야 진정한 진보주의자라 할 수 있다. 왜 남자는 전철에서도 여자와 맞닿고 싶어 하고 심지어 화장실에서라도 훔쳐보고 싶어 하는가. 단지 동물적인 탐욕으로 몰아 멸시하고 억압하기에는 그 본질은 더 숭고한 것이다. 다수의 남자들이 사회규범 때문에 절제한다고 하여 그 욕망을 부당한 것으로만 보아서는 안 된다. 영혼이 없는 관점에서 이것을 평가해서는 안 될 것이다. 인간이 영적 존재인 한 남자는 여자를 원하는 것이 당연하다. 비단 여자는 몸을 허용하고 남자는 생계를 책임지는 전속(專屬)관계가 아니라도, 사회 일반에서 여자는 여자로서 베풀 수 있는 인간적인 것을 베풀고 남자는 상응하는 물심의 도움으로 보답하는 길이 많이 열려야 우리 사회의 행복지수는 증가할 것이다.

  지구상의 생활에서 남자는 뜻한 바 있어 입산수도하여 혼자 도를 닦으며 자기 성찰에 성공했다면 목적을 이룬 것이다. 그러나 여자는 인간을 사랑함이 필수이다. 일반적인 사랑은 물론이고 테레사 수녀와 같이 비록 세상의 연애관계를 하지 않더라도 인간에 대한 봉사활동을 통해 인간을 접촉해야 의미가 있다.

  햄스터 등 애완동물도 다 자란 수컷은 그다지 예쁘지 않다. 인간 중에서도 여자와 어린이만이 예쁘다. 이것은 혼자서는 세상을 헤쳐 살아나가기 어려우니 보호를 받기 위하여 사랑을 받아야 하기 때문이다. 그러나 현대와 같이 물질적 환경이 어느 정도 충족되고 있는 상황에서는 사랑을 받을 매력을 가졌다는 것은 재산을 더 가진 것이나 마찬가지의 효과가 있다. 사랑을 받게 지어진 것은 그만큼 사랑을 줄 수 있음이다. 애초에 자신의 생존을 위해 남들이 함께하고자 하는 마음을 불러일으키게 지어진 몸이, 비록 자신의 생활에는 별 상관이 없는 상황임에도 자신을 원하는 자들과 함께한다면 그것이 곧 사랑이 된다. 자기의 생활에 필요한 것보다 많은 재산을 가진 자가 재산을 나누어 베푸는 것과 마찬가지이다.

어린이는 어른이 품에 안고 싶게끔 유인하는 것이 자신의 생존을 위한 방법이었다. 그런데 근래 의식주가 풍요로워지니 어린이가 생존에 어려움을 갖는 경우는 드물어졌다. 이에 따라 생존의 목적과 관계가 없는데도 어린이를 가까이한 어른에 대한 처벌이 잦아졌다.

얼마 전 여섯 살가량의 딸을 '애무'하는 것이 지나쳤다고 성범죄로 기소된 50대 부친이 자살하는 사건이 있었다. 이에 대해 많은 남성네티즌은 각박한 세태를 성토했는데 어떤 여성네티즌은 '아무리 귀여워해도 지나치면 싫어지는 것'이라고 남자입장만 생각하지 말라고 주장했다.

물론 지나친 행위는 금지되어야 할 것이다. 그런데 여성이나 어린이가 귀염을 받는 데 있어 반드시 당사자도 즐거운 범위 안에 있어야 하고 조금이라도 그 선을 넘어가면 처벌되어야 하는가는 재고되어야 한다. 남성이 가족을 위해 일을 하는 것도 물론 재미있어서 하는 경우도 있지만 많은 경우 가족을 위해 싫어도 참고 일을 하는 것이다. 사랑을 베풀 수 있는 자도 가끔은 수고를 요할 수도 있다.

근래 정보매체로 인한 성인물의 범람을 우려하는 목소리가 있는데 여성의 몸을 쉬이 볼 수 있게 된 것은 지금에야 나타난 특별한 변화가 아니다. 아주 오래전은 물론이고 근대시대까지 여성의 몸을 볼 기회는 종종 있었다. 그러나 그것이 부끄러움을 준다고 하여 현대의 기술로 밀폐된 화장실과 목욕탕이 발달하여 남자는 자기의 여자가 없으면 거의 여성을 볼 기회가 없게 되었다. 밀폐된 목욕탕과 화장실이 보급된 것은 근래의 일로서 이것은 사생활을 소유하고자 하는 입장에서는 편리한 것이지만 인간이 인간을 볼 기회가 봉쇄됨으로써, 특히 젊은 남성들에게 많은 스트레스를 주게 하였는데 인터넷을 통한 여인 신체공개는 이에 대한 반작용이다. 기실 인간이 서로의(특히 남자가 여자를) 진실된 모습을 보면서 살아야 하는 것은 당연한 것이다. 그러므로 디지털 사진과 인터넷의 보급은 밀폐된 건물의 보편화로 인한 '폐쇄사회'에 숨통을 틔워주는 섭리에 의한 것이다. 중국배우 장백지의 영상유출 사건은 예정된 운명이었음을 부인 못 한다. 여성이 모든 것을 보여도 그리 문제가 되지 않음을 가르친 사건으로서 이로 인하여 비교적 폐쇄적인 동양권의 많은 사람들이 불필요한 부끄러움으로부터 해방되었다.

남녀가 자신의 몸 특히 정사 장면을, 사람들 특히 아이들에게 노출하기 부끄러워하는 것은 이미 낳은 아이에 대한 책임감이 작용한 것이다. 이미 낳은 아이가 있는데 또 정사를 한다는 것은 새로운 아이를 더 낳겠다는 것으로서 기존의 아이에게는 불리한 것이다. 그러므로 아이가 있는 상태에서는 되도록 정사를 자제하여 기존의 아이에 소홀함이 생기는 결과가 나오지 않게 하려고 정사를 부끄러워하는 본능이 있는 것이다. 현대에 와서 밀폐된 방으로 아이와 격리된다고 해서 완전히 끝나는 것이 아니라 성행위는 자식에 대한 책임감을 동반하지 않고는 원초적으로 부끄러운 행위이다. 남자는 성행위에 동반하여, 상대여자의 생활 그리고 여자가 낳을 수 있는 아이에 대한 책임감을 가지고 있어야 한다.

근대에 이르러 보급된, 사생활이 보장된 밀폐된 주택은 실상 자연스러운 상태가 아닌 것으로서 마치 편리함을 위해 자동차가 지나치게 많고 인스턴트 가공식품이 많으며 환경파괴가 생기는 것과도 같은 차원의 것이다. 부끄럽고 꺼려지는 일을 쾌락을 위하여 아무도 보지 않게 거리낌 없이 할 수 있는 환경은 인간의 영혼에 착각을 주는 것으로서 실상은 모든 은밀한 행위는 우주의 저장소에 기록되고 있음을 잊게 하는 것이다.

* 자기를 노출하고 과시하는 것은 여성의 특권

인간은 지상의 영적 단련을 위한 성취목표를 가진다. 이 목표를 이루기 위해서는 그보다 작은 것을 잃을 수 있다. 이때 작은 것을 과감히 버리고 큰 것을 취할 수 있는 결단력을 용기라고 한다.

남자는 천상의 이상적인 모습을 많이 희생하고 지상의 활동 편의를 위해 신체의 변형을 가했다. 생명의 기본형이 여성이었다가 일부가 남성으로 변형되어 성이 나뉜다는 생물학적 설명도 이에 들어맞는다. 신체가 이상적이고 안정된 형태를 버린 것을 보상하려면 그만큼의 성취를 이루어야 한다. 성취감이 가지는 쾌락은 영혼계와 소통이 되어 일어나는 것이다. 남자에게 특히 성취를 위한 용기가 요구되는 이유는, 남자는 여자보다 신체적으로 영혼계의 존재양식으로부터 멀어져 있으니 여자보다 영혼계와의 연계가 덜해진 상황인데, 이를 보상하기 위해 성취의 쾌락을 갈구하기 때문이다. 남자는 여자보다 활동에 편리해진 몸을 활용하여 지상에서 성취를 이루어야 할 촉구를 강하게 받는다.

  사람들은 세상에서 자기의 목표를 성취하려 하지만 출생환경에 따라 그 출발선이 평등하지 못함은 알려져 있다. 여자는 지상에서 하늘의 재산을 더 유지하며 가지고 있다. 남자는 성취의 만족을 이룸에 있어 여자보다 출발선이 뒤처져 있다.

  여성의 모습을 이상적인 것으로만 설명하는 것에 의문을 가질 수 있다. 지구상의 동물은 암컷보다 수컷이 화려한 경우가 많다. 이것으로 미루어 인간도 원래는 남성이 외관상으로 못하지 않지만, 남성지배의 사회이기 때문에 여성이 평가의 대상이 되어 여성의 아름다움만 강조되는 것이라는 견해도 있다.

  일단 인간과 동물은 추구하는 바가 다르다. 공작의 수컷이 깃털로 생식의 우선권을 추구하는 것과 인간이 예술로 영혼고양을 추구하는 것은 동물과 인간 각각 삶의 목표를 구현하는 방식이다. 그리고 인간 또한 멀지 않은 과거까지는 동물과 공통되는 것이 있었다. 과거에는 남자도 마음껏 남성적인 면모를 과시할 수 있었다.

페미니즘은 여성이 그동안 '억압받았던' 역사를 극복하여 '남성 못지않은 능력'으로 세상을 이끌어나가자는 의미가 컸다. 여성과 남성의 차이에 대한 '편견'을 불식하고 "여성은 태어나는 것이 아니라 만들어지는 것"이라는 시몬느 보부아르식의 '후천성 여성 배격' 운동에 중점을 두었다.

어떤 페미니스트는 치마가 여성억압의 상징이라고 하면서 "과거에는 남자도 정장으로 치마를 입었지만 활동이 편한 바지로 바꿔 입게 되었다. 그러면서 지금은 여자에게 치마를 강요(?)한다."고 했다. 물론 과거에는 국왕, 장군 등 위엄을 과시하는 높은 지위의 남자들이 '치마'를 입었다. 지금도 성직자 복장에는 남아있다. 이것은 마치 수사자의 갈기, 수탉의 볏과 같이 자신을 더 크게 돋보여 상대에게 권위를 높이려는 목적이다.

남성에 의한 정복과 경쟁적 지배가 포화상태에 이른 현대사회에서 남자들은 자신을 돋보이기는커녕 머리와 수염을 깎고 넥타이를 매며 '男性'을 '억압'해야 '안심하고' 대해주는 시대가 되었다. 이에 반해 여성은 치마와 화장 등으로 자신을 과시할 권리를 유지하고 있다.

  이제까지 남성은 생존을 위한 경쟁에 종사해왔기에 일단 상대에게 해를 가할 수 있는 존재로 인식된다. 악수 등 여러 인사법은 바로 그 위협을 없애려는 태도에서 비롯되었다. 남자는 규격에 따라 절제된 차림이 남성 고유의 공격성을 억제해 보이기 위해 필요하다. 그러나 여자는 존재 그 자체가 베풂이 되므로 자신을 더욱 돋보이며 과시할 수 있다.

* 트랜스젠더의 발생원인과 대책

  현생에서 가지고 있는 삶의 조건은 영혼계에서 결정한 것이다. 태어나기 전에 영혼이 합의한 탄생조건은 그 영혼에게 익숙한 것도 있고 생소한 것도 있다.

  성전환자는 자기의 本 즉 영혼과 specs 즉 육체가 일치하지 않아 몸에 불필요한 것이 있고, 있어야 할 것이 없다고 느끼는 경우이다. 영혼은 지상에서 누적된 삶의 경험에 따라 남성 혹은 여성의 성향이 있지만, 상대의 성도 한 번쯤 겪어봐야겠다고 생각되어 영혼계에서 '성전환'을 결심하고 지상에 왔더니 '웬걸' 견디기가 만만치 않아 후회하고 있는 상태이다. 세상에서도 자기가 잘 모르고 동경하던 분야에 뛰어들었더니 예상과 달리 힘들어 후회하는 경우가 있는 것과 마찬가지이다.

진보주의를 표방하는 쪽은 이러한 '후회'를 옹호한다. 지금 남성의 몸으로 태어났어도 누적된 전생의 경험으로 아직 여성이 습성화된 영혼인데 비록 몸은 남성이지만 원하는 대로 여성의 삶을 살 수 있도록 열어주자는 것이다.

남성에 익숙한 영혼이 여성으로 태어나면 문제가 훨씬 적은 것은 여성으로서의 프리미엄(앞서, 여성은 선천적으로 남성보다 많은 기득권을 가지고 있다고 했다)을 가지면서도 남성적인 성격을 가지면 아주 경직된 사회를 제외하고는 불리하지 않게 작용하기 때문이다. 부유한 전생을 살았던 자가 가난한 현생을 살면 현실에 불만이 많고 적응이 어렵지만 가난한 전생을 살았던 자가 부유한 현생을 살게 되면 그다지 문제가 없는 것과도 같다.

성전환의 허용은, 육체로 인한 차별에서 해방되어 영혼의 상황을 그대로 지상에 반영하여 살게 하자는 것으로서, 하늘의 뜻을 땅에 이루는 먼 훗날의 희망을 서둘러 이루자는 것이므로 분명 진보적이다.

인류는 신분차별과 성차별이 있다가 차례로 철폐되었다. 과거에는 태어난 신분이 평생 변하지 않지만 지금은 자신의 노력으로 신분이 변할 수 있다. 성별도 신분처럼 생애 중에 자기 뜻대로 변할 수 있다면 그것은 곧, 육체를 가지고 영혼 못지않은 자유를 누리는, 하늘의 뜻이 지상에 실현되는 지상천국일 것이다.

그러나 현재 지상천국이 가까이 와있다고는 보기 어렵다. 아직은 인간이 자기의 몸을 가진 것은 영혼의 단련을 위한 목적이라고 인식해야 한다. 자기의 태어난 의미를 살리기 위해서는 신체와 환경 등 자기의 조건을 존중해야 한다. 남자의 몸을 가졌다면 그 영혼은 남자로서의 과목을 이수하고 있는 중이다.

현생 중에서도 간혹 본과 부가 어울리지 않게 되는 상황이 올 수 있다. 신체의 부분을 상실한 환자가 아직도 그 신체가 존재한다고 느끼는 장면은 전쟁이야기 등에 많이 있다. 반면에 드문 일이지만 '신체통합정체성장애'라는 것은, 멀쩡한 자기의 팔이나 다리가 이물질로 여겨지고 심한 통증, 가려움, 고통을 수반하기도 하며 절단수술을 요구하는 때도 있다. 이것은 영혼이 이전에 온전하지 않은 육체에 더 익숙했기 때문이다. 그러나 현재의 자기의 육체에 충실해야 함은 물론이다.

고등학교 때 국어 시간에 수학참고서를 풀다가 선생님으로부터 꾸중 받은 일이 있었는가. 마찬가지로 현생의 과목 시간에 충실해야 한다.

* 연애는 왜 가족 밖에서 하나

남자가 여자를 구하는 과정은 영혼단련을 위한 가장 강한 동기부여이다. 가족으로서 이미 주변에 있는 이성에게는 욕구가 생기지 않는 것이 원칙이다.

그러나 간혹 전생의 미련에 따른 집착 때문에 가족 내 이성에 대해 소유하고자 하는 집착이 발생할 수는 있다. 윤회의 원리 안에서 이해는 된다 해도 현생에서는 현생의 조건에 따라 영혼단련의 과목을 이수해야 하는 것이니 극복해야 한다.

남자 혹은 여자가 자기의 타고난 기질과 집안의 성장환경에 따라 자신의 인격을 정립시키고 이윽고 현생에서 그동안 모르고 지냈던 여자 혹은 남자와 만나 그쪽에 적응하는 것은 피차 정반합의 원리에 따른 인격향상과정이다. 그런데 만약 기존의 가족에게서 대상을 찾는다면 정반합의 발전원리에 위배된다. 후천적 인연을 선천적 인연 못지않게 중시하도록 유도하기 위하여 설정된 것이 부부 관계인데 이것이 없이 선천적 인연만을 중시하는 생활방식으로 나아가면 지구상에 인류가 사는 의미마저도 무색하여진다.

선천적 인연과 후천적 인연을 조화시켜 더불어 살아가야 하는 섭리에 어긋나므로 근친상간은 죄악시되는 것이다. 물론 물질과학적 관점에서는 유전병의 발생 등이 원인이라고 하지만 이것은 동성애에 AIDS의 발생위험이 있는 것처럼, 잘못된 생활에 대한 경고의 의미가 있을 뿐이다.

전생의 미완된 인연에 대한 미련으로 현재의 인연에 어울리지 않는 태도를 보이는 것은 현생의 인생을 낭비하는 것이다. 미완된 인연은 나중에라도 반드시 기회가 있다. 현생은 현생에 설정된 인연에 충실해야 한다.

* 집안과 부모가 정해주는 결혼의 의미

이야기에서는 대개 청춘남녀의 사랑을 순수한 것으로 보고 부모의 간섭을 세상의 이해타산이 개입한 것으로 본다. 그러나 인생을 많이 살아본 관점에서의 판단이 비록 당사자가 아니더라도 더 현명한 결정일 수 있음은 무시되지 못한다.

과거 유교문화권에서는 부모가 자식의 혼사를 전적으로 결정해주곤 하였다. 이것은 남자가 도전적으로 나서 성취해야 할 과제인 여성획득을 집안의 덕으로 해결하는 것이다. 또한, 출생 이전의 영혼상태에서 그 집안으로 출생하기를 결정하면서 결혼 문제를 해결하는 것이다.

이처럼 여자를 얻는데 현생에서의 노력을 들이지 않은 데다가 당시의 관습으로는 한번 들인 여자는 무조건 평생 붙잡아둘 수 있었으니, 남자가 여자를 얻고 유지하기 위하여 노력함으로써 지상에서 자기 성장의 동기로 삼아야 하는 섭리를 무시하는 것이었다. 유교문화권의 귀족자제는 영적 성장의 관점에서 볼 때, 일찍 결혼을 포기하고 평생 독신으로 산 경우와 다를 것이 없었다. 저절로 혼사가 해결되니 재산이나 권력의 추구 등 그 이외의 성취를 위해 전념할 수 있었던 장점은 있으나, 이들을 추구하는 과정에서 만족할 만한 영적 성취를 이룬 자는 소수일 뿐이다. 대부분의 경우 여성을 얻기 위한 과정에서 이룰 수 있는 기본적인 영적 성장만 못한 수준에 불과하다. 사사로운 동기에 의한 재물축적이나 벼슬 얻기 행위를 자기의 사랑을 실현하기 위한 노력보다 높이 평가할 사람은 없다.

물론 귀족남자의 축첩과정에서 아내 이상의 아름다운 첩을 얻고자 하는 노력도 있겠으나 당당한 자기 향상을 위한 동기부여라고는 볼 수 없다. 이렇듯 유교문화권에서는 사회적 책임이 있는 상류층에 강렬한 향상 동기가 부족했으니 근세에 유교문화권국가들의 세력이 위축된 것은 당연한 결과였다.

하지만 지난 유교문화권 사회의 여러 불합리한 관행을 두고 유교 그 자체를 폄하하는 것은 옳지 않다. 어느 문화권이든 지배계층이 교리를 아전인수로 해석하여 지배층의 위치를 공고히 하는 수단으로 이용하는 일은 있었다. 타파되어야 할 것은 그러한 왜곡해석이지 본래의 가르침이 아니다.

* 숙원(宿怨)이 있는 집안 간의 결혼은 가정불화의 원인

부모가 반대하는 혼사 중에 특히 로미오와 줄리엣과 같은 원수집안끼리의 결혼이 있다. 원수 집안의 사람인 부부 사이에 낳은 자식은 형제 중에 아버지와 인연이 깊은 자도 있고 어머니와 인연이 깊은 자도 있을 것인데 결국 한 형제에 원수의 인연을 가진 자들이 함께하게 될 것이다. 이 경우 같은 형제라 할지라도 뜻 모르게 싫고 증오하는 관계가 생기게 된다. 원수 집안 간 결혼의 문제는 남녀 당사자 두 사람이 화해했다고 해서 해결되는 것이 아니다. 물론 그들에게서 나온 형제들이 원수의 업을 현생에서 푸는 계기가 될 수 있으나 쉬운 일이 아니다.

로미오와 줄리엣처럼 알려진 상황이 아니더라도 가정에 불화가 잦으면 부부가 서로 끌고 들어온 업이 클 것이다. 서로 어울리는 계층과 조건의 혼인이 권장되는 것도 두 사람의 화합뿐만이 아니라 그 사람들 사이에 나올 자식들 간의 관계에도 중요하기 때문이다. 계층이 다른 남녀가 혼인하면 계층 간의 오래된 갈등이 형제 간에도 일어날 수 있다.

물론 '어울리는' 집안끼리의 원만한 결혼만이 능사라는 것은 아니다. 다만 대립과 갈등의 요소를 품어 안고 이뤄내는 결혼은 자식세대에 반드시 그 업보를 풀어야 한다는 마음가짐이 바탕이 되어야 한다.

인간으로서는 지상에서 행복하게 살고 싶기 때문에 숙원이 있는 집안끼리의 결합으로 가정불화를 겪으며 고통을 받는 것은 최대한 피하려 함은 당연하다. 그러나 앞에서도 말했듯 하늘의 섭리는 의무적으로 그러한 결합을 지시하여, 현생에 풀어나갈 업보 해소의 과업을 부과할 수 있다. 특히 남녀 간의 결합에 집안내력 찾아보기가 거의 사라진 지금에 애인의 집안이 나의 집안과 어떤 숙원이 있느냐의 여부는 알아볼 수도 없고 그야말로 숙명으로 받아들여야 할지 모른다.

* 젊은이의 애정교제에 관하여 가부보다는 '어떻게'를 권고해야

젊은이의 애정교제에 대하여 부모세대는 가끔 우려를 보일 수 있다. 그러나 이미 교제하고 있는 사이에 대해서는 쉽사리 부정의 견해를 제기하기는 어려운 사정이 있다. 사랑에 빠져있는 중에는 어떤 현명한 어른의 올바른 충고도 귀에 들어오지 않는 것이다.

결국 관망이 최선의 길이다. 교제한다고 하여 반드시 결합에 이르는 것도 아니니 순리적인 결말을 기다리는 관망 이외에 주변 사람이 선택할 수 있는 여지는 적다.

그렇다면 인생을 상대적으로 아는 자들은 어떤 태도를 보여야 할 것인가. 그들의 교제의 가부를 판정하는 데서 떠나 그들에게 관계를 어떻게 발전시키고 어떻게 함께 살아야 할 것인가를 권하는 것이 최선이다. 가부(可否)보다는 '어떻게'를 권고해야 하는 것이다.

교제하는 커플 중에는 서로 조건이 잘 어울리는 예도 있지만 비교적 그렇지 않은 경우도 있다. 이럴 때 각각의 경우에 따라 대처하는 것이 최선의 길이다. 서로의 지식이나 연령이 차이가 나면 서로 동일수준에서 맞서지 말고 서로 존중하고 감싸주는 관계가 되어야 할 것이다. 서로의 집안환경에 차이가 나면 그만큼 업보 해소의 사명이 있음을 인식해야 할 것이다.

* 어려운 연애의 성공은 운명을 개척하는 것이어야 한다

연애관계가 어려운 상황에 빠져 있을 때 흔히들 하는 이야기 중의 하나는 "그만 포기해라. 네 인연이 아니다. 이루어지지도 않겠지만 설사 이루어진다 해도 잘살게 되지는 못할 것이다."이다. 이럴 때 여자는 '정말로' 싫어하는데 남자가 집요하게 대시하여 여자를 기필코 취하고자 하는 경우라면, 그들의 사이가 비록 자연스럽게 정해져 있는 인연은 아니라 할지라도, 이번의 결합으로 새로운 인연을 개척하여 운명의 행로를 바꾸는 의미가 있다. 새로운 운명을 개척하는 데는 그만큼의 위험부담이 따를 것이지만 개척할 새로운 운명이 그 정도의 가치가 있다면 실행할 만하다.

어려운 연애를 성사시키는 과정에서 현실사회에서의 위험부담 외에 특히 주의할 것이 있다. 상대와의 결합이 어려운 것은 서로가 '저절로 끌리는' 친령의 관계가 아니면서, 자신과 자신 집안의 세상에서의 성취도가 상대와 상대 집안의 그것보다 높지 못하기 때문이다. 가난한 집 남자가 부유한 집 딸과 결합하는 데는 난관을 거치게 마련이다. 마침내 어려움을 극복하고 결합이 성사되면 세상에서의 '신분상승'이라는 결과를 얻는다. 그런데 이것이 진실로 운명을 개척하는 효과로 이어지는 것이라고는 보장되지 않는다.

 중요한 것은 새로 인연을 맺게 되는 쪽이 진실로 자신보다 영적 신분이 높은 가에 있다. 혼인을 계기로 더 높은 성취도를 가진 영혼과의 인연을 강화하게 되었다면 분명 운명개척의 쾌거이다. 그러나 부정한 방법에 의해 부를 쌓은 등, 사회적 신분과는 달리 영적 성취도는 자기보다도 낮은 상대와 인연을 강화하는 것은, 자신의 영적 성장에 도움이 되지 않는 것으로서 운명은 오히려 퇴보하는 것이다.

전진하지 않고 현재 있는 곳에서 머무르는 것.
퇴보하는 것, 즉 우리가 소유하고 있는 것에 의존하는 것은 매우 유혹적이다.

〈에리히 프롬(1900~1980)〉

함께 사랑하기

* 여성들에게 사랑의 자유를 대폭 허하라

젊은 남녀가 만날 때 여자는 출신을 막론하고 여성적 매력이라는 천혜의 재산을 가지고 있다. 그러나 남자는 재벌 상속인 등이 아닌 바에야 아직 세상에서 이뤄놓은 성과가 없다.

능력을 검증할 자료가 부족하니 남자는 자기가 여자를 행복하게 해줄 수 있다는 믿음을 주기 위해 각종의 퍼포먼스를 해야 한다. 적극적이고 남성적인 면모를 보여주어 비록 지금 가진 것은 없지만 훗날 당신을 행복하게 해줄 수 있는 남자라는 것을 믿게 해야 한다.

물론 젊은 시절이라도 좋은 학벌이나 고시합격 등 우수한 자격

조건을 가지고 이미 성취를 보인 남자는 추가의 퍼포먼스가 요구되지 않을 수 있다. 하지만 그런 이들도 자기와 비슷한 자격수준의 여자와 교제할 때는 마찬가지다.

흔히 남녀교제에서는 남자 쪽이 적극성을 보여야 한다고들 하지만 적극성 여부는 남녀가 관건이 아니라 가진 자와 안 가진 자의 문제이다. 젊은이들끼리의 교제에서 남자는 안 가진 자의 입장이다. 사회의 계약관계에서도 신생업체가 굴지의 대기업과 거래를 계약하려면 많은 노력이 필요하듯이 가진 것이 없는 쪽이 적극적으로 자기의 능력을 입증해야 한다.

어떤 젊은이는 여자가 남자를 볼 때 보증된 재산이나 능력만을 중요시하고 남자의 훗날의 잠재력(결혼하면 행복하게 해주겠다는 약속)은 믿지 않는다며 여자의 속물근성을 비판하기도 한다. 그러나 만약 자기가 그다지 탐탁해하지 않는 여자가 약속하기를, "비록 지금의 외모가 당신의 원하는 정도에는 못 미치지만 결혼 후에는 더 예뻐질 수 있다"고 한다면 믿을 것인가.

연애에 있어 여성은 젊은 시절에 남성보다 유리한 위치에 있다. 그러나 나이를 먹어가며 여자는 어드밴티지가 줄어드는 반면 남자는 자신의 인생성취가 어느 정도 이뤄진 후에도 그다지 불리하지 않은 입장에서 구애할 수 있는 보상이 있다. 다만 그때까지 혼자서 참아내기가 어려운 것이다.

자연의 섭리로는 남자는 자식에 대한 직접적인 부양책임이 없다. 따라서 남자는 자식이 성년이 되기까지 살아가지 못할 가능성이 높다고 해도 생식의 능력을 놓지 않는다. 반면에 여자는 자신이 책임질 수 있는 자식만을 두어야 하므로 자식이 성년이 될 때까지 건강히 살 가능성이 클 때만 생식이 허용된다.

남자가 이십 세 성년이 되어 자기의 직업을 찾아야 하듯이 여자에게 혼인과 사랑은 성년이 됨과 동시에 고려되어야 할 일생의 진로로서 중시되어야 한다. 문제는 이토록 일생에서 중요한 혼인과 사랑을 아직 세상사를 충분히 알지 못하는 이십 대에 결정한다는 것이다. 남자는 운이 닿거나 주변 환경이 따르면 이십 대에도 혼인이 가능하고 경우에 따라서는 자기 스스로 여건을 헤쳐나갈 수 있는 삼사십대에도 가능하지만, 여성으로서는 정신의 성숙과 반비례하여 조건과 상황이 불리해져 가는 안타까움이 있다.

과거의 양반집이나 지금의 명문가라면 세상일을 현명히 판단할 수 있는 부모가 친히 대상자를 골라 부모의 권위로써 혼인을 성사시키기도 하지만 지금에 와서 반드시 그런 방식의 혼인만을 모범적으로 권장할 수도 없다.

결국은 여성들에게 사랑의 자유를 더욱 허락해야 한다. 여성들이 자신에게 구애하고 청혼하는 남자들을 장래의 불안 없이 받아들일 수 있도록 관습과 제도를 더욱 개혁해야 한다. 한번 구애를 받아들이면 평생 돌이킬 수 없는 책임이 부과된다는 부담감에서 해방시켜 주어야 한다.

남자에게는 구애의 자유와 폭은 넓혀주되 연애와 혼인에 따른 책임은 분명히 부과해야 한다. 다만 여자에게는 연애와 혼인의 책임을 최대한 덜도록 해야 한다. 이혼의 결정을 비롯하여 이혼의 조건에서 여성에게 재산권 양육권 등 모든 면에서 더욱 유리한 조건을 주도록 해야 한다.

　얼핏 여성의 권리만을 옹호하는 페미니즘 사상 같지만 그렇지 않다. 물론 이렇게 되면 남자가 아내를 자기의 소유인 양하고자 하는 권리는 사라질 것이다. 그러나 노동자도 해고가 어려우면 간절히 일자리를 구하는 구직자가 곤란을 겪지만, 해고가 쉬우면 구직자는 일자리를 얻기 좋아진다. 남성들에게 여성을 향한 문턱을 낮춤으로써 행복을 누릴 기회는 대폭 늘어나게 될 것이다. 다만 구직자가 취업을 하면 책임이 부과되듯이 사랑 행위에 대한 책임은 남성에게 분명히 부과되어야 할 것이다. 반면에 사랑 행위에 대한 여성의 책임은 자연이 내린, 아이에 대한 책임만으로 충분하다.

* 사랑은 하되 소유하려 하지 말아야

　결혼제도의 기원은 힘 있는 남자가 여자들을 소유하고 관리하여 자기 자식 외의 아이를 낳지 못하게 하기 위한 것이다. 인간은 동물과 공통되는 종족 번식 욕구가 있는데 유전자 검사를 할 만큼

과학이 발달하지 못한 시대에는 자기소유의 여자들을 밖의 남자와 접촉하지 못하게 하는 것이 여자들이 낳은 아이가 자기의 아이임을 확신할 방법이었다. 일부일처제는 훗날에 평등사상이 보편화하면서 기존의 결혼제도에 기반을 두고 수정된 제도이다. 그러므로 인간의 본성에 맞는 자연스러운 제도라고 하기는 어렵다.

이제껏 인류의 진화는 남성 위주로 되어왔고 남성이 향상하려는 노력의 가장 큰 동기는 마음에 드는 여자를 얻는 것이다. 그런데 그 큰 목표(결혼)를 이루고 나서는 아직 활동력이 왕성히 남아있어도 더이상 그 목표를 향상하기 어렵게 되었다. 일부다처제의 경우 첫 아내를 얻고도 계속 노력하고 성공하여 더욱 마음에 드는 아내를 얻을 수 있었지만, 일부일처제에서는 그것이 불가능하여 남자의 가장 강렬한 향상 동기는 지속성을 갖지 못하게 되었다. 물론 현대에도 일부 재력 있는 자가 내연의 처를 두는 경우가 있지만, 당당히 노력하여 얻는 것이 아니라 떳떳지 못하게 숨겨하는 것에 불과하므로 남성의 향상노력의 동기가 될 수는 없다.

그렇지만 다수의 행복을 위해서 일부다처제는 현대사회에 맞지 않는다. 일부일처제하에서 남성의 여성에 대한 추구본능을 향상의 동기부여로 활용할 방법은 남성의 정복과 탈취의 욕구를 그 대신에 방어와 유지의 노력으로 전환하는 것이다.

결혼을 하면 여자는 자기의 수중에 있다는 사고방식은 남자로 하여금 진지한 향상노력을 계속하지 않게 한다. 여자는 남자와 함께 있는 것에서 이미 혜택을 베푼 상태이므로 남자는 여자에 대한 의무를 지지만 여자는 거의 매이는 것이 없어야 한다. 그래야 남자는 여자를 집안에 유지하기 위해 지속적인 향상노력을 하게 되는 것이다. 일부 남자가 집안일을 돌보지 않고 도박 등에 빠지며 여자에게 집안일을 떠민다든가, 심하면 가정폭력을 행하는 것은 그래 봐야 여자가 쉽사리 떠나지 못하리라는 그릇된 자신감에 기인한 것이다. 제대로의 대우를 해주지 않는 남편에게는 언제라도 여자가 자기권한으로 이별을 통보할 수 있도록 해야 남자는 줄곧 여자를 올바로 대우하기 위해 노력을 할 수 있으며 남성의 여성추구를 통한 자기 성장의 목적에도 부합된다.

가령, 한 여자를 두고 두 남자가 서로 자신의 아내로 삼고자 하는 경우가 있다. 과거 같으면 동물과 마찬가지로 두 남자가 결투하여 승자가 여자를 얻으면 된다. 여자를 얻으려 하는 노력이 남자의 향상 동기가 되며 강한 자의 생존은 유전자 개량에 기여하기 때문이다. 그러나 이제는 이 경우 두 남자는 여자를 공유하여야 한다. 그리하여 자연스럽게 여자의 향방이 결정될 때까지 셋이서 서로 사랑하여야 한다. 물론 현재의 관습이 이러한 대처법을 수용하기 어려울 수도 있지만, 여하튼 이런 경우 서둘러 여자의 선택을 강요할 이유가 없다. 자연스럽게 두 사람을 사랑함은 사람교류의 폭과 깊이를 더하여 그녀의 영혼성장에 더욱 효과적이다. 두 남자에 있어서도 동물적 승리감이나 패배의 좌절 둘 중

하나를 서둘러 겪는 것보다는 인내심을 가지고 포용의 미덕을 발휘하는 것이 영혼을 성장시킨다. 설사 상대남자와의 교제를 몰랐다 하더라도 비난이나 분노는 동물적 반응에 불과하다.

　남녀의 연애교제는 남자는 현재의 쾌락을 위하여 여자는 장래의 대가를 기대하고서 만나는 것이다. 그렇다고 모든 만남에 결혼의무를 지도록 몰아갈 수는 없다. 남녀의 만남은 그 자체가 여성이 남성에게 베푸는 것이 되니 이후 만약 결과 없이 헤어진다면 여성이 보상을 민사청구할 수 있게 제도화되어야 한다. 교제 후 보상이 필요한 여자가 후에 남자를 성폭력 등으로 고소하는 일이 생겨 성범죄자와 무고 사범을 양산하는 것이다. 여성이 베푸는 사랑에 대한 보상이 없이 '자기 몸은 자기가 지켜라.'는 관습하에서는 여성은 남성과의 교제를 경계하게 되어 국민의 행복지수는 낮아지게 된다.

　이러한 관점만으로는 설명하기 어려운 사이가 서로 영혼지도(靈魂地圖)에서 가까이 있어 끌리는 남녀관계이다. '천생연분', '느낌이 통하는 사이', '내 스타일' 등으로 말하기도 한다. 남녀 간 이해타산이 없이도 가까이하고자 하는 관계이다. 영어로는 'soul-mate'인데 '영혼의 짝'이라고 번역되기도 하지만 'mate'는 'class-mate'처럼 여러 사람들에게도 쓰이는 말인데 영혼에서도 고정된 짝이 있는 양 오해를 일으킬 수 있으니 가까운 영혼이란 뜻으로 친령(親靈)이라고 부르기로 한다.

친령들은 생에 따라 역할을 바꿔가며 영향을 준다. 진실한 사랑을 하게 된 영혼은 가장 가까운 영혼이긴 하지만 항상 부부나 이성으로 만나는 것은 아니다. 때로는 부모형제 관계 때로는 친척 관계 때로는 친구 관계로 만난다. 물론 그러한 친령이 서로 사랑을 하기 좋은 연령대의 남녀로서 현생에서 만났다면 금상첨화로서 천생연분이다.

자기의 천생연분을 만나면 처음 만나도 눈에 익은 모습이다. 물론 전생의 연 때문이라는 설명을 하지만 전생에는 역할이 달랐을 수 있고 설사 같은 배우자였다고 해도 얼굴이 완전히 같을 수는 없다. 태어나기 이전 영혼계에서 자기의 인생프로그램을 예습했을 때 배필의 모습을 유심히 살펴 기억했기에 더욱 가까이 느껴진다.

하지만 지상의 결혼적령기 이후 친령을 만날 수도 있고 친령이 아닌 상대와 결혼했다고 해도 크게 잘못된 것은 아니다. 결혼제도에 매여 이른바 적령기에 자기와 느낌이 통하는 배우자를 꼭 만나야 한다는 조바심이 행복지수를 떨어뜨린다. 친령인 배우자를 꼭 만나야 한다면 적령기에 초연하여 운명의 만남을 기다리면 되고 반면에 일찍 결혼생활이 필요하다면 엄격한 기준을 정하지 말고 배우자를 맞아들이면 된다.

친령은 함께 나이가 들어 만날 수도 있다. 전생에 둘이 20세가 안 된 나이로 무절제한 사랑을 하다 함께 자동차사고로 죽었는데 다음에는 성숙한 사랑을 하고자 둘이 55세가 되어 만난 경우가 있다. 그리고 나이 차이가 있으면서 만날 수가 있는데 만약 연장자 측이 이미 결혼을 했다면 자식 등의 관계로도 만날 수 있다.

젊어서 아직 세상사를 잘 알지 못할 때 선택한 배우자에 의해 여생이 좌우되는 것처럼 여기는 모험적 인생관은 바람직하지 않다. 배우자선택의 부담을 덜기 위해서는 혼인에 따른 강제의무조항이 없는 사실혼도 무방한 방식이다. 배우자가 만족할 수준의 친령이 아닌 경우 서로 적당한 거리를 두고 혼인생활을 하면 되지만, 결국 배우자의 더욱 결정적인 인연을 위해 자리를 비워줘야 하는 시기가 올 수도 있다. 이때 겪을 고통과 불행을 방지하기 위해서는 굳이 혼인상태를 못 박아둘 필요가 없는 것이다. 혼인상태냐 아니냐의 차이는 두 연인 중의 한쪽이 상대를 원하지 않을 때에도 결합관계를 지속하느냐의 여부일 뿐이다.

과거의 힘 있는 남자로서는 여자를 뜻대로 붙잡아두고 자신이 여자에게 싫증이 나면 새 여자를 들이면 되었으므로 혼인제도는 상당히 유리한 제도였다. 현대에 들어와서 혼인제도는, 남자가 젊을 때 여성을 갈구하던 중 특정 여자가 '처녀성'을 그에게 시혜하여 구제한 것에 대하여, 평생에 걸쳐 그녀에게 '보답'을 하도록 하는 장치로 사용되고 있다. 능력과 사회적 지위가 있는 남자일수록 결혼 후 혼인생활의 원만한 유지가 이타적인 미덕으로 간주되는 것은, 그런 자에게서의 결혼생활은 자기의 필요성에 따른 것이라기보다는 '약속을 지킨다'는 의미가 강하기 때문이다. 그러나 여자가 남자와 함께함 자체가 여자가 시혜를 베푼 것으로서 남자는 상응하는 보답을 하여야 한다는 인식이 보편화하면 '여성을 위한 혼인제도'는 굳이 별도로 필요하지 않을 것이다.

유럽에서는 국가지도자의 퍼스트레이디도 혼인상태를 요구하지 않는다. 근세의 유럽이 민주사회로 나가는 인류의 장래를 제시했듯이 지금도 유럽은 미래 인류사회의 생활방식을 제시하고 있는 것이다.

사랑은 하되 소유는 않는, 무소유의 사랑이 인류의 장래에 적합한 사랑의 방식이다.

* 핵가족의 틀을 벗어난 공동체가 미래사회의 모델

이혼하는 부부가 늘고 가정불화가 늘어난다고 하여 가정의 위기이니 하는 말들이 많지만 실상 이것은 부부 관계가 위기가 있는 것이 아니라 근대에 이르러 부부 관계가 지나치게 강화된 탓에 기대수준을 맞추지 못한 것에 불과하다.

먼 옛날을 찾아볼 필요도 없이 한두 세대 이전만 하여도 부부생활을 제대로 즐기지 못했다. 그러나 근래 밀폐된 아파트가 급속도로 보급되면서 부부단위의 생활이 큰 비중을 차지했다. 부부 관계만이 가정의 중심인 핵가족이 대부분이 됨으로써 과거 대가족 구성의 일부분에 불과했던 부부 관계가 가정의 운영을 좌우하는 전부가 되어 버렸다. 인간의 갈등에는 경륜 있는 조정자가 필요한데 둘만의 가정에서는 그러한 균형이 이뤄지지 않는다. 어린 자녀가 부모 사이의 조정자이긴 곤란하다.

핵가족의 비중이 증가하고 부부만의 격리생활주택이 다량 보급되는 등의 변화는 산업화와 같은 어떤 사회적 현상에 따른 것이라고 할 수는 있지만 그것이 절대적인 이유는 될 수 없다. 근본적인 이유는 마치 우리 몸에 필요한 여러 영양소를 가진 음식 중에 달고 맛있는 것만을 먹게 된 것과 같다. 과거에는 편식이 여건상 어려웠지만 지금은 마음껏 가장 맛있는 것만을 골라 먹을 자유가 모두에게 주어진 것에 따른 것이다.

인간의 생활환경이 올바르게 성립하려면 많은 서로 다른 성격의 관계들이 필요하다. 그런데 이중 부부 관계가 가장 쾌락을 준다 하여 너무 치중한 나머지 부부 관계가 세상의 중심이고 그것이 뜻대로 안 되면 인생이 파탄 나는 것처럼 여기게 되는 것이다.

인생 중에 부부의 생활이 절대적으로 큰 비중을 가진 사람은 일부에 불과하며 부부는 인간 사이의 여러 종류의 관계 중 하나일 뿐이다. 그런데 다른 관계보다 쾌락이 많다 하여 지나치게 편중하다 보니 오히려 지나친 기대로 말미암은 갈등도 생긴다. 밀폐된 아파트 안에서 부부만이 사는 형태는 자연스러운 방식은 아니다. 모든 사람 관계는 원칙적으로 공평하다.

사회주의는 과거 귀족의 대가족과 그 하인들로 구성되었던 가족공동체를 현명한 지도자의 영도 아래 있는 혈연이 아닌 이념공동체로 대치하고자 하는 생활방식이다. 신분의 차이에 따른 주종관계로 엮어지는 봉건 공동체로부터, 뜻을 같이해 공동의 이념을 추구하는 평등 공동체로의 변화는, 출생 이전에 선택했던 공동체 합류를 지상의 삶 중에 판단하고 선택한다는 것에서 하늘의 뜻이 땅에서 이루어짐을 추구하는 미래지향적인 변화이다. 다만 그 공동체의 이념이 지상에서의 자유의지로 선택하여 따를 수 있는 것이어야 진정한 미래지상낙원을 추구하는 사회주의 이념이 된다.

이 관점에서는 자본주의도 사회주의의 상대되는 이념이 아니라 하나의 사회주의 구현수단이다. 기업이 구성원을 가족과 같이 대하며 서로의 안위를 돌보는 공동체를 지향하는 것은 자본이 매개체가 된 비혈연 공동체이다. 대기업의 두터운 사원복지 시스템은 이미 자본주의 방법에 따라 사회주의 공동체를 구현한 것이다.

* 인연은 창고에 쌓아둔 보물을 하나하나 꺼내 쓰듯 사용해야

현생에서 가까이 지내는 사람과는 인연을 소비하며 지낸다. 인연은 서두르게 소비하면 소진되므로 자연스럽게 적절히 소비하는 것이 좋다. 서로에게 지나친 기대를 하며 마음을 쏟아 인연을 소비하기보다는 적당히 거리를 두며 인연을 조금씩 사용하는 것이 현생에서 오래도록 함께 하는 길이다. 만약 사용할 수 있는 인연이 남았다면 다음 생에서 더 사용해도 좋은 것이다.

한정된 인연을 현생에서 지나치게 소비하면 결국 이혼 등의 방법을 써야 하게 된다. 이혼을 고려할 만큼 헤어져 마땅할 부부인데도 억지로 인연소모를 계속하다 보면 사별 등의 방법으로 운명은 그들 사이를 뗄 수도 있다.

혼인의 인연은 현생 도중에 시작된다 뿐이지 가족의 연과 마찬가지로 보면 된다. 살펴보면 동서 간 사돈 간에도 성격 생활방식 등 여러 비슷한 면이 있음을 발견할 것이다.

부부간의 관계를 기존의 가족관계보다 더 중요한 관계로 여기는 관습은 우리가 지나치게 선천적 인연에 비중을 두지 말고 후천적 인연에 동일한 비중을 두어야 한다는 영혼계의 인도에 따른 것이다. 지나치게 선천적 인연인 혈연가족중심으로 살다 보면 인연의 순환관계가 원활하지 않으므로 후천적 인연의 대표적 관계인 부부를 가장 중요한 관계로 설정하여 균형을 유도하는 것이다.

비 혈족과 혼인하는 관습은 물질적 해석으로는 근친생식에 따른 유전적 결함을 방지하기 위한 것으로 설명되지만, 영적 해석으로는 선천적 인연에 치중하여 인연의 순환이 경색되는 것을 막기 위함이다. 후천적 인연을 선천적 인연과 마찬가지로 중시하라는 가르침은 친구, 동료, 입양자녀 등을 가족 못지않게 사랑하는 것이 칭송되는 인간사회의 관행에서도 볼 수 있다. 형제는 수족

같고 부부는 의복 같다는 장자의 말은 지나치게 부부 사이만을 중시하다 형제와 소원해지는 것을 막고 균형을 잡아야 한다는 말이지 후천적 인연을 선천적 인연보다 경시하라는 말은 아니다.

  부부는 여러 관계 중의 하나에 불과한데 현대의 사람들은 부부 관계만을 지나치게 중요시하는 관습하에 살고 있다. 이 때문에 부부 사이로 만난 많은 쌍들이 그들의 현생에서 함께 향유할 연을 조기에 소진하여 이혼 혹은 마지못해 살아가게 된다.

  인연은 창고에 쌓아둔 보물을 하나하나 꺼내 쓰듯 사용해야 한다. 비유하면 여성의 난자와 같다. 혹시라도 과배란을 하면 폐경이 빨리 온다. 다음 생에 다시 시작할 수는 있지만 현생에서는 한정된 자원(資源)을 가지고 있다.

* 세상에 완전한 자기의 사람은 없다

  가족 간에도 서로의 영혼성장을 위해 적합한 시기에 적당한 연령차를 가지고 인연이 시작되듯이, 부부는 현생의 영혼성장의 계획표 상에서 적당한 때에 만나는 관계인 것이다. 그런데 결혼적령기라는 관념에 매여 맞선을 거듭해보면서, 처음 만난 남남을 서둘러 가족보다 더 우선권 있는 관계로 삼으려 하는 것은 어처구니없는 일이다. 결혼을 가문 간의 결합으로 보았던 시대에는 서로의 집안의 오랜 전통을 서로 간에 인식하고 있는 상황에서 성사되는 것이므로 비록 신랑 신부가 초면이라도 충분한 타당성이 있었다. 그러나 당사자들의 어울림을 중시하는 시대에 서로의 집안배경의 충분한 지원이 없이 이뤄진 만남은 서로를 알기 위한 과정이 필수이며 혼인을 위한 지름길로만 여겨서는 안 된다. 결혼상대자로 소개를 받았다고 해도 직장 등의 여느 장소에서 새로 알게 된 사람과 다름없는 출발점에서 교제를 시작해야 한다.

인위적으로 적령기에 결혼하고자 노력하는 것을 소용없다고 할 수는 없다. 그런데 반드시 자신과 궁합이 들어맞는 친령을 만나기를 기대하고 배우자가 기존의 가족 이상으로 자기가 믿고 의지할 자가 되기를 기대하는 것은 안전하지 않다. 적령기의 관념은 과거 귀족가문에서 대를 잇기에 적합한 시기에 자식을 결혼시켜야 하기 때문이었다. 가부장의 권위로 자식을 적령기에 결혼시키는 상황에서 며느리는 가문의 수습(인턴) 구성원이었다. 아들의 입장에서 아내는 결코 부모와 가문에 우선하는 존재가 아니었다. 아내와 부모가 갈등이 생기면 가차 없이 아내를 버려야 했다. 아내가 남편과 정말로 뜻이 잘 맞는 사람인가의 여부는 그리 중요한 것이 아니었다.

당사자 둘의 뜻에 따라 맺어지는 현대의 결혼을 반드시 사회적으로 편리한 시기에 해야 한다고 조바심할 필요는 없다. 현실적으로 부모보다 더 중히 여길 수밖에 없는 배우자를 굳이 부모의 입장에서 적합한 시기에 서둘러 맞이하려 할 이유가 없기 때문이다.

배우자 즉, 기존의 가족과 같이 선천적 인연으로 특별히 배려하는 관계가 아닌 사람과, 앞으로 평생을 바쳐 몰입하여 함께 살 결심을 하려면 그 사람은 완전해야 한다. 다행히 친령을 만나서 이해타산이 없이 결합하면 좋겠지만 그렇지 않은 경우에는 자기형편보다 나은 상대여야 남은 평생에 대해 우려를 하지 않고 받아들일 수 있다. 이 때문에 결합이 어려워지거나 상대방은 속아서 손해를 본 것과 같은 의식을 갖게 된다.

완전한 몰입을 전제로 상대를 택하는 상황에서는 비록 사랑이 느껴지더라도 장애가 있거나 특별한 사정이 집안에 있는 사람 등 현실적으로 몰입하기에 문제가 있는 사람과 사랑이 성사될 기회를 많이 잃게 한다.

상대가 완전히 자기에게 속해 있어야 한다는, 완전한 자기 사람을 소유하고자 하는 욕망을 배우자에게서 찾으려 하는 것은 기존의 가족에게서 그것을 얻지 못하니 새로이 기존의 가족 외에서 찾으려는 것이다. 인간은 누구나 그런 욕망이 있지만 세상에 완전한 자기 사람은 없다. 배우자에게 기대한 것이 무산되자 자식에게 절대적으로 기대하기도 하지만 자식도 이윽고 배우자를 가지게 된다. 자신에게 절대적으로 속하는 사람을 갖는 것은 옛 절대 군주만이 누릴 수 있었던 일이다. 세상은 자기 책임하에 타인들과 도움을 주고받고 사는 곳이다.

* 여성이 사랑을 베풀고 상응하는 대우를 받는 사회

동서양을 막론하고 근대까지 강간을 살인 이상으로 크게 처벌했다. 과거의 상류 귀족일수록 혈통을 중요시했고 이 때문에 집안에 불순한 혈통을 들이는 것은 큰 죄가 될 수밖에 없었다.

영혼이 육체를 빌려 탄생하는 것은 엄숙한 것으로서 무작위로 일어날 일이 아니다. 태어날 아이의 영혼은 부친 쪽과 모친 쪽에 각기 적절한 인연관계가 있어야 한다. 이럴 때 잉태하는 당사자가 원치 않고 상대를 지극히 증오하는 상태에서 잉태한다는 것은 인연의 흐름에 상당히 부정적인 작용을 하게 될 것이다. 이 때문에 강간은 물론이고 간음도 정상적으로 약정된 두 사람 사이의 잉태가 아니어서 큰 죄가 되었다.

현대는 이러한 잘못된 관계에 의한 결과를 돌이킬 수 있는 기술이 발달해 있다. 잘못된 임신은 이를 원점으로 돌리기 위해 낙태가 가능하다. 잘못된 인연으로 인한 원치 않는 자손의 탄생은 막을 수 있다. 이렇게 상황이 바뀐 현대에 강간을 살인에 준하게 처벌하는 것은 합리성이 떨어진다.

여자가 자기의 신체를 숨기고 되도록 외간 남자와 접촉을 하지 않는 것이 정숙한 여자로 여겨졌던 것은 여자를 소유하여 자신의 집안을 번창시켜야 할 권력자의 입장에서 여자가 남의 피를 들여온 아이를 낳는 것을 방지하기 위한 것이었다.

그러나 현대에는 유전자 검사 등의 방법이 있으니 그런 의심을 할 필요가 없다. 외간남자의 아이를 낳은 것은 명백히 드러나게 되어 있으니 구태여 불필요한 정도까지 여성의 활동범위를 제한할 이유가 없다. 막연한 질투심은 동물적 본능의 연장에 불과한 것으로서 극복대상일 뿐이고 권리주장이 될 수 없다. 가정소홀 등의 이유가 아니고는 남녀 모두 불필요한 질투는 백해무익이다. 과학은 인류의 복지를 위한 것이다. 과학이 충분히 발달한 오늘날 인간은 더욱 많은 자유를 누려야 한다.

오늘날은 SNS의 발달로 여성이 마음껏 자기를 홍보할 수 있게 되었지만, 과거에는 미인도 권력자의 차지였고 일반서민은 볼 기회마저도 없었다. 그나마 외출할 때는 권력자의 독점욕에 의해 겹겹이 천을 두르고 몸매를 감추었다. 여성이 자기를 홍보할 자유가 주어진 오늘날은 도덕률도 이에 맞춰야 한다.

물론 그렇다고 무절제한 향락이 옹호되는 것은 아니다. 사랑에는 책임이 따라야 한다. 아무리 가벼운 것이라도 여성에게의 접촉은 그만큼의 사랑의 마음이 있어야 한다. 사랑 없이 여성에게 접촉을 시도하는 것이 곧 성희롱이며 성추행이다.

여성은 남자라면 노력을 하여 얻을 수 있는 세상에서의 가치를 이미 어느 정도 가진 자이다. 사람들 각자는 태어나는 조건에 따라 기득권에 차이가 있다. 남성이 어느 면에서의 잠재력을 더 가졌다고 할 수는 있지만, 여성은 일정수준 남성보다 '이미 더 가진' 상태에서 인생을 시작하게 된다. 여성의 미덕은 가진 자의 시혜와 마찬가지로 평가되어야 한다.

가진 자의 재산을 빼앗는 것이 범죄가 되는 것은 빼앗는 자 자신의 영적 타락 이외에도, 가진 자가 자신의 소유물로 시혜를 베풀어 존경을 받고 덕을 쌓을 기회를 없애기 때문이다. 여성에게 사랑을 베푸는 만족감을 주지 않고 베풂에 대한 감사도 표하지 않으면서 여성의 가진 것을 빼앗는 것은 마찬가지 원리로 범죄가 된다.

계급혁명으로 부자의 가진 것을 빼앗는 사회는 불행하다. 부자에게서는 얻어간 만큼 존경을 되돌려 주어야 한다. 여성의 가진 것을 함부로 빼앗는 사회는 불행하다. 여성에게는 그만큼의 사랑을 돌려주어야 한다.

부자가 가진 것을 베푸는 사회는 행복하다. 이를 위해서는 가진 것을 베푸는 부자를 존경해야 한다. 과거의 도덕률은 민중 모두를 위한다기보다는 소수 통치계층을 위한 것이 많았다. 순결관념은 여성을 소유하고 자기 집안의 자손을 확실히 번성케 하고자 하는 권력자의 도덕률이다. 여성이 가진 것을 베푸는 것에 그만큼의 칭찬과 존경이 따르는 사회이면 행복지수는 높아진다.

* 미래는 왜 여성시대라 하나

인류사회가 안정적이지 않을 때는 강한 종족이 약한 종족을 정복 혹은 절멸시키고 생존권을 빼앗는 일이 많았다. 그러한 사회에서는 강한 남자가 제한 없이 자손을 낳고 세력을 넓힐 수 있는 부계사회가 통용되었다.

지금은 강한 자가 약한 자의 생존권을 빼앗는 것에 인류가 동의하지 않는다. 이런 사회에서 부계사회는 적합한 가치가 될 수 없다.

과학의 발달로 사람의 힘을 직접 요하는 일은 줄어들고 있기 때문에 여성의 역할이 증대된다는 이야기는 이미 있어왔다. 영적 관점에서 설명하자면 인류 역사의 진행은 하늘의 뜻이 땅에서 이루어져 가는 추세이기 때문에 '하늘의 모습'을 지닌 여성의 역할이 늘어가는 것이다. 여성이 영적 세계의 지상구현에 더 적합한 주체인 것이다.

과거에는 남자를 하늘 여자를 땅에 비유하는 경우가 많았다. 여자는 생명본위의 가치를 위하여 창조되었고 남자는 (영적 단련을 위한) 활동의 편의성을 위해 창조되었음을 고려하면 근거는 있다. 그러므로 '하늘'은 남자의 입장에서 더욱 추구해야 하는 것이다. 반면에 여자는 '하늘'을 이미 소유하고 있기 때문에 그 절박함이 덜하다고 할 것이다.

세계관 바꾸기

승리를 결정짓는 것은 전체적 능력이라기보다는 차라리 수컷에 특유한 어떤 무기이다.

〈다윈(1809~1892)〉

진화론과 창조론의 공존

* 인간의 영적 본향은 지구가 아니다

인간은 지구상에서 끝없이 향상을 추구한다. 이렇게 말하면 그건 철학적인 자각을 한 이들에게만 해당하는 것이 아니냐고 할 수 있다. 그러나 눈앞의 쾌락만을 추구하는 듯 보이는 많은 사람들도 결국은 그 쾌락의 근거는 성취감에 있다. 물론 그 성취감이 거짓이어서 문제가 되곤 한다.

인간은 심심한 것을 싫어한다. 그래서 컴퓨터게임이나 도박을 해서라도 성취감을 얻고 싶어 한다. 현실사회에서 성취의 쾌락을 얻으려면 많은 노력이나 책임의식이 따라야 하지만 손가락 조작만으로 실제와 버금가는 쾌락을 얻을 수 있기에 사람들은 게임을 즐긴다. 그 쾌락에 비해 그 사람이 얻는 영혼성장은 미미하거나 혹은 역효과에 그치므로 각종의 컴퓨터게임이나 도박은 억제되어야 한다.

인류의 이 같은 향상 욕구는 인간영혼의 임재(臨在) 이전부터 동물적인 진화본능으로서 존재하였다. 그 결과로 인간영혼이 임재하여 활동할 수 있을 만한 인간의 육체로까지 진화하였다.

윤회를 믿는 사람은 자기의 전생이 꼭 조상이 되어야 하는 것은 아니고 혈연관계가 없는 전혀 다른 민족일 수도 있음을 인정한다. 마찬가지로 인류의 혈연조상이 비록 유인원과 같은 동물이었다 할지라도 동물단계에 머무르던 인류 조상은 현생인류의 전생이 아니다. 현생인류의 영적 본향은 지구가 아니다.

* 개체발생은 종족발생을 되풀이한다

마이클 뉴턴 박사의 영혼연구에 의하면 인간의 영혼은 현생인류로의 육체적 진화 이전부터 있었다. 지구에 아직 인간의 영혼이 들어올 만한 생물이 존재하지 않았을 때에 타 행성에서 외계인류 혹은 날개를 단 작은 인체 모양의 요정으로서 살았다가 지구에 좋은 서식환경이 조성되자 지구로 들어왔다. 지구의 인류가 인간영혼이 깃들 만큼 진화하기 이전까지의 모든 진화과정이 바로 창조의 과정이었으며 인간영혼이 깃든 이후부터 피조물로서의 인간이 지구상에 살기 시작했다.

불교의 가르침에서와같이 인간이 동물로도 환생할 수 있는가는 모든 전생퇴행의 사례에서 나타나지를 않으므로 과학적 증명은 되지 않았다.

마이클 뉴턴 박사의 연구에서는 모든 살아 있는 것에는 혼이 있다고 했다. 다만 동물의 것은 파편적인 것이라고 했다. 인간의 영혼과 동물의 혼은 본래부터 다른 것이며 불교에서 인간이 동물로 윤회한다는 것은 기독교에서 불구덩이 지옥을 가르치는 것과 마찬가지로 경각심을 주려는 방법이며 그 동물의 성향이 있는 인간으로 태어난다는 상징적인 비유라고 했다. 이 책에서는 자축인묘…의 십이지가 지상에서의 구현형태를 상징적으로 분류한 것이라고 했다. 태어난 해의 동물에 따라 띠를 가지는 것은 사람의 여러 품성이 각각의 동물에 비유됨을 나타낸다.

인간이 동물로 환생하는 것은 증명은 안 되었지만 그럴 수 없다는 증명도 되지 않았다. 그렇다면 우리가 현생 중에서 전생을 기억 못 하니 많은 사람이 전생을 부인하기도 하듯이 혹시 동물로서의 전생은 최면상태에서도 기억을 못 하는 것은 아닌가. 브라이언 와이스 박사는 동물로서의 전생사례가 없다는 것으로 동물로의 환생이 없음을 증명할 수는 없고 단지 기억 못 하는 것일 수 있다고 했다.

동물로서의 환생으로는 특히 새가 되는 것이 많이 인용된다. 죽어 새가 된다는 구절은 우리 고유의 이야기에도 많이 있다.

사람들은 날아다니는 꿈을 많이 꾼다. 이것이 새가 되어 다녔던 기억이라는 상상을 불러일으킬 수 있지만, 인생과 인생 사이의 순수영혼상태에서 잠시 지구를 떠돌았던 기억이라고 보는 것이 더 타당하다.

인도에서 애인을 죽이고 사형을 받은 남자가 죽기 전에 면회 온 형에게 말하기를 다시 태어나면 형의 자식으로 나겠다고 했다. 이후 형에게는 몇 아이를 거친 후 올 것이 왔다. 전생의 죄를 독백하는 아이가 나온 것이다. 아이는 손가락이 붙어 있었다. 손을 사용해 범죄를 저질렀으니 성경에서 범죄한 손은 찍어 버리라는 말대로 '손이 없는' 상태로 다시 태어난 것이다. 전생 이후 환생까지는 십여 년이 지났다. 전생을 아는 그 아이에게 그동안(태어나기 전) 어떻게 지냈냐고 물으니 '새가 되어 살았다'고 했다. 동물과의 윤회를 생각한다면, 범죄를 하였기에 낮은 수준의 생명으로 환생했던 것으로 볼 수도 있다. 그러나 순수영혼상태에서 떠돌았던 기억으로 보는 것이 더 유력하다.

물질적 관점으로 보면 인간과 동물이 세포와 유전자의 공통점이 많아서 정신적으로도 유사한 것으로 여기기 쉽다. 그러나 인간의 영혼은 지구의 생물이 인간의 영혼이 들어오기 적합할 만큼 진화된 후에 깃든 것이다. 인간의 영혼은 지구상 동물의 혼들과 본래부터 함께한 사이가 아니다. 동물의 혼은 생물학적인 유사성과는 별도의 차원에서 작용하고 있다. 인간은 생물학적으로는 유인원과 유사하지만, 혼의 친밀도는 개와 더 가깝다는 것도 생물학적 유사성에 혼들 간의 관계를 연결 지을 수 없음을 보인다.

태아에 사람의 영혼이 깃들기 이전에는 태아는 어떻게 구동(驅動)할 것인가. 동물들에도 혼이 있는데 태아에게 혼이 없을 리는 없다. 정자, 난자라는 미생물로부터 발전하여 영혼이 깃들기 이전까지는 동물의 상태를 거친다고 할 수 있다. 그렇다면 진화이론 중의 '개체발생은 종족발생을 되풀이한다.'는 설이 영적 관점에서도 수용되는 것이다.

생물학적인 인간이 태고의 미생물이었을 때는 미생물을 구동하는 미미한 에너지가 깃들이 있었고 이후 동물로서 진화할 때는 동물의 혼이 그 몸을 구동했다. 인류의 형체가 갖춰진 다음에는 인간의 영혼이 몸에 깃들었다.

마찬가지로 한 인간의 탄생과정에서도 정자와 난자의 시기에는 미미한 에너지에 의존했다. 수정란이 세포 분열하여 뱃속에서 양분을 섭취하며 성장할 시기에는 동물의 혼 수준의 에너지가 깃들었다. 이윽고 사람의 모양을 갖추게 되면 인간의 영혼이 자리하여 사람으로서 출발하게 되는 것이다.

* 영혼의 성장을 위한 경쟁

 진화론과 창조론은 마치 타협할 수 없는 평행선을 달릴 것처럼 여겨져 왔다. 그러나 진화론과 창조론은 이제 타협하고 서로 인정할 수 있다.

 진화론에 의하면 인류는 오십억 년 전 생물이 없었던 지구에서 미생물로부터 시작하여 수중동물 양서류 파충류 등을 거쳐 인류로 진화되어 오늘에 이른 것이다.

 인류의 육체의 유전적 조상은 동물이다. 그렇다고 이것을 '우리 인간이 동물의 자식이란 말이냐'하고 인간 존엄성의 관점에서 분개할 필요는 없다. 인간의 육체를 이루는 유전자가 멀리는 동물에게서 승계되었어도 영혼까지 그러한 과정을 통해 승계되어온 것은 아니기 때문이다.

 인간의 윤회는 비록 가까운 인연을 가진 자끼리 부자 관계 조손 관계를 맺을 수는 있어도 유전적으로 이어지는 것이 아니다. 곧바로 유전관계가 거의 없는 먼 지방에 다시 태어날 수도 있다. 하물며 먼 옛날의 조상과 영혼을 연관 짓기는 어렵다.

 인류의 조상이 인간의 형태로 충분히 진화하여 인간의 영혼이 사용할 만한 정도가 되었을 때 비로소 인간의 영혼이 지구 인류의 몸에 들어오기 시작해 지금 인류의 생활을 하게 된 것이다.

 유인원 수준의 혼을 가진 원인(猿人) 중에 비교적 우수한 생존기반을 갖춘 아종(亞種)의 집단에 돌연변이로 인류에 더 가까운 모습의 개체가 인간의 영혼을 지니고 태어났다. 이윽고 그 개체와 연(緣)을 가진 인간영혼이 연달아 돌연변이 한 개체를 통해 태어나고 이 집단은 다른 원인 집단을 누르고 급속도로 퍼져 나갔다. 육체적 진화의 속도가 비교적 늦어 인간령에 의한 선택을 받지 못한 다른 아종의 원인들은 절멸했다. 지구상에 유인원은 살아남았지만 인류와 비슷한 육체적 특성이 있는 원인들 중에 인간영혼의 깃듦이 늦은 곳은 멸망하여 남아있지 않다. 인류와 원숭이의 분화는 인간영이 들어온 종과 그렇지 않은 종으로 나뉨으로써 이루어졌다.

인간의 영혼이 들어온 영장류가 새로운 종을 이룬 뒤에도 다른 영장류와의 차별화는 계속되었다. 고대의 많은 약소종족 말살은 인간의 육체를 어느 기준이상으로 규격화시켰다. 지금은 아프리카에만 피그미족이 남아 있지만 고대에는 지구 각지에 반지의 제왕에 나오는 호빗족과 같은 종족이 두루 있었을 것이다.

역사시대에 들어와서도 인간 내 종족 간의 전투로 유전자는 균등한 승계를 하지 않았다. 유럽인의 아메리카 침략으로 많은 아메리카 원주민이 몰살당했다. 지금은 유럽인 혹은 유럽인과의 혼혈 유전자를 가진 사람이 남북아메리카 주민의 절대다수이다.

이것을 침략과 학살의 잔혹한 역사로만 언제까지나 한탄할 수는 없다. 유럽인의 유전자와 풍습이 경쟁력이 있어서 지구상에 더 널리 퍼지게 된 것일 뿐이다. 즉 아메리카 인디언으로 태어났던 상당수의 영혼이 유전자만 바꾸고 그들이 인연이 있는 아메리카 땅에 다시 태어난 것이다.

자본주의 용어인 경쟁력이란 말로 설명하면 오해가 있을 수 있다. 그렇다면 인디언의 문화가 유럽인의 것보다 열등해서 패퇴했다는 말인가.

인디언의 사회에서는 경쟁교육을 지양하고 자기보다 못한 자를 배려하는 마음을 가질 것을 가르친다. 스페인 정복자 피사로가 잉카제국을 정복할 때 포교와 화친을 내세웠지만 결과는 허점을 노린 습격이었다. 인디언의 문화에서는 정복자들이 행했던 것과 같은 야비한 술수를 상상하지 못했다. 인디언의 문화 자체가 본질적으로 유럽인의 것보다 못한 것은 아니었지만 이런 야비한 술수가 가능했던 유럽인의 기질은 경쟁력으로 작용했다. 마치 동물 간의 경쟁에서도 서로가 정정당당히 힘으로만 싸우는 것은 아닌 것과 같다. 고슴도치의 바늘, 스컹크의 가스 등은 그들보다 우수한 체력의 동물을 물리치는 도구가 된다.

인류가 살기 이전의 지질시대 지구역사의 방향부터가 그러했다. 공룡시대의 포식자들은 당당히 자신을 눈에 띄게 하면서 빠른 걸음과 강한 힘으로 피식자를 포획했다. 그런데 포유류시대에는 포식자와 피식자의 입장이 변했다. 기린 사슴 영양 등 피식자는 대체로 높은 곳을 보도록 진화됐지만 사자 호랑이 등 포식자는 몸을 낮춰 상대방에 몰래 다가가는 방식을 취했다. 이것은 공격자가 높은 곳에서 당당히 대상을 고르는 방식이 아니라 피공격자가 높은 곳에서 공격자의 움직임을 감시하는 것으로서 공격의 명분과 당당함이 퇴색된 것이다.

인간이나 동물세계의 공격방식에서 '비겁한 방법'이 증가함은 공격자로서는 진화가 아닌 퇴보라고 할 수 있다. 그렇지만 방어하는 입장에서는 비겁한 공격을 막기 위한 방어기술을 갖추는 것이 더욱 완성을 향한 동기부여라고 할 수 있다. 생존을 위한 경쟁수단에서 정면승부보다는 비대칭의 방법이 많이 행해지는 것은 지구상의 생명체가 단순한 물리적 능력에서의 우열로 생존하는 것이 아니라 다방면에서의 자기보호능력을 기름으로써 존재의 완성을 향해 나아간다고 볼 수 있다.

인간사회에서의 전투에서도 근래 북한의 잠수함을 이용한 비대칭공격에 대비한 방어태세를 갖추는 노력은 전면전의 능력을 기르는 것보다도 더욱 정신무장 즉 영적인 긴장을 필요로 한다. 현대 인류의 전투에서 총체적 공격력 못지않게 경계방어능력이 중요시됨은(그렇게 되도록 인류를 이끄는 神이 분위기를 조성해 놓은 이유는) 목표를 행한 집중능력 이외에도 주변전체에 대한 인지능력향상이 영적 단련에 중요시되기 때문이다. 총체적 공격력을 향상하려는 노력 한다 해도 단기간에 미국 등과 같이 월등한 전투력을 갖추기는 불가능하므로 노력 그 자체가 영적 성취에 연결되기는 어려운 단점이 있다. 하지만 비대칭공격에 대한 방어능력향상은 현재의 물량적 잠재력으로도 영적인 긴장을 증대하면 가능하고 성취를 이룰 수 있으므로 영적인 성장을 이룰 더 좋은 동기가 되는 것이다.

* 지구는 아직도 생존경쟁의 단련이 필요한 곳

현대의 진보사상이 추구하는 가치로 보면 인디언의 문화는 유럽인의 문화보다 진보된 것이었다. 그들은 더욱 인류의 평등과 박애에 충실했다.

그러나 그것이 지구라는 행성에서의 영혼교육에 더 적합한 것은 아니었다. 지구는 아직도 경쟁적으로 투쟁하며 물질세계에서의 충실한 생활력을 단련해야 할 곳이었다. 아메리카 문명 특히 마야문명을 비롯한 선진 고도문명은 지구인류 전반의 영적 수준에 비해 지나치게 진보적이었기에 지구상에서 영혼교육을 위해 효용성이 다했던 것이었다. 하지만 인디언의 진보사상은 더욱 효과적인 환경을 제공하는 미국 및 유럽으로 환생한 영혼을 통해 다시 효력을 발휘하고 있다.

중세 이후 유럽인의 유전자와 풍습이 지구상의 영혼단련에 적합하여 인구와 문화권이 늘어난 것인데 오늘날 유럽은 위축되고 있다. 비단 정치적 영향력만이 아니라 세계에서 차지하는 인구의 비중이 줄고 있다. 인간의 상식으로는 이미 침략과 개척의 시기를 지나 복지사회로 들어선 유럽에 인구가 많아져서 사람들을 많이 먹여 살리면 좋겠는데 유럽을 비롯하여 세계 선진국의 인구는 늘지 않으며 오히려 저개발국의 인구가 폭발적으로 늘어나고 있다.

이것은 현재 지구상에서 명목상으로 선진국이 주도하고 있으나 실제로 지구상에서 필요로 하는 삶의 형태는 인도와 아프리카 등 저개발국에서 더 효과적으로 제공하고 있음을 보여준다. 아직은 지구는 삶을 위한 치열한 경쟁과 고난을 겪으며 영혼을 단련하는 곳이지 편안히 지상낙원을 누릴 곳은 아니라는 것이다. 과거에는 유럽의 생활환경이 더 바람직한 것으로 선택을 받았으나 지금은 후진국의 삶이 더 바람직한 것으로 영혼계에서 선택을 받고 있는 것이다.

선진국의 좋은 생활환경에서도 페미니즘과 동성애 옹호 등으로 여성의 출산율이 낮아지는 것은 선진국 생활방식의 지구상 경쟁력 약화가 구현되는 방법이다. 선진국의 인구감소는 아메리카 인디언의 대량 피학살과 마찬가지로, 지구상에서 요구되는 영혼단련을 위한 치열한 환경을 제공해주지 못함으로 인한 도태이다.

지구는 영혼성장을 위한 학교이지 복지생활을 즐기기 위한 양로원이 아니다. 선진국보다 후진국에 인구가 늘어나는 것은 후진국의 삶이 영혼성장에 있어 더 수요가 크다는 것이다.

온실가스배출규제 등 환경 관련 세계회의가 있으면 항상 나오는 말이 있다. 선진국이 제시하는 엄격한 기준에 후진국은 따르기 곤란하다는 것이다. 그도 그럴 것이 선진국은 이제까지 산업화 시대를 거쳐 저들 나름의 발전단계를 거쳤는데 아직 산업화도 제대로 거치지 않은 후진국이 생산경쟁이라는 대표적인 영혼성장 과정을 건너뛰고 곧바로 경쟁을 억제하는 환경우선의 삶으로 들어갈 수는 없다는 것이다.

앞으로도 상당기간 치열하게 살아야 할 것이 후진국 국민이다. 이에 비추어 선진국의 각 단체가 행하고 있는 후진국 어린이 돕기 운동도 만약 그들이 지나치게 포괄적이고 보편적인 문제에 나선다면 후진국 국민의 제대로 된 영적 단련에 그리 보탬이 되지 않을 수 있다. 선진국 국민들은 이따금 관심 둘 만한 사건에서 후진국을 돕되 지나치게 그들도 우리와 똑같이 살아야 한다는 강박관념을 가질 필요는 없다. 그들은 그들 나름대로 삶의 목표가 있다. 후진국 국민의 인생을 책임지는 지도령(指導靈:神)이 말을 한다면, 후진국을 돕고 싶어하는 선진국의 국민들에게, '됐으니 염려 말고 너희 일이나 챙기라'고 할 것이다. 유럽이 근래 금융위기 등 자체 내의 생활에 문제가 일어나고 있는 것은 유럽인들에게 자기들의 앞가림을 우선하라고 돌려세우는 효과가 있다.

* 돌연변이는 작은 창조의 증거

 인류를 창조한 조물주는 우주 만물을 지배하는 절대적인 지배령임은 의심의 나위가 없다. 그런데 하나님의 형상을 따라 인간이 만들어졌듯이 인간의 영혼도 영혼상태에서 영혼계의 임무를 띠고 창조에 관여한다. 영혼은 지상의 생태계를 개선할 필요가 있을 때 생태계 유전자를 변화시킨다.

 코끼리 상아를 얻기 위한 사냥이 심해서 상아가 화근이 되자 상아 없는 코끼리가 나오는 것은 용불용설이나 자연도태설로는 설명이 안 된다. 다리가 짧은 양이 나타났는데 이 양은 울타리를 넘을 수 없어 사람들이 기르기 편하여 널리 기르게 되었다. 이 돌연변이는 개체 수를 대폭 늘린 성공을 가져왔지만 양들끼리의 자유경쟁의 산물이 아니다. 인간이 사육하고 있는 상황을 고려하여 양 스스로보다는 인간이 선호하는 방향으로 돌연변이가 이루어진 것으로서, 양들의 유전자를 관리하는 영혼의 지적인 판단에 의한 것이다.

이스라엘 자손들이여 내가 너희에게 베푼 은총을 기억할지니

진실로 그대들을 선택했느니라.

〈코란 2장 47절〉

종교의 공존

* 종교는 왜 이해하지 못하고 '믿을' 수밖에 없나

우리가 문명사회를 사는 것은 인류의 진리를 구하기 위한 노력으로 인간사회가 진리에 대한 인식을 하고 있기에 가능한 것이다. 인간이 문명사회에서 문명적인 생활을 유지하며 살아가려면 진리에 대한 식견이 필요하다.

근대 이전에는 진리에 대한 식견이 없는 사람은 스스로는 살 수가 없으므로 인격권을 인정받지 못하며 하층계급이나 종의 신분으로 살아야 했다. 인도의 카스트제도 계급 중 국왕과 무사를 배출하는 계급보다 성직자계급이 높았던 것은 그들이 세상의 진리를 아는 자들이라는 것 때문이었다.

현대는 민주평등사회이다. 자연히 세상의 진리를 따라야 하는 의무도 모두에게 있다.

종교와 과학의 대립이라면 사람들은 곧잘 과학이라면 합리적인 판단을 구하는 것이고 종교라면 합리성을 떠난 믿음을 가리키는 것이라고 간주하곤 한다. '과학적인 것'이라면 흔히 '합리적인 것'과 혼동하고 있지만 과학의 '科'자는 나누어진 것을 뜻하여 인간이 진리를 부문별로 나누어 배운다(學)는 것이다.

종교는 위로부터 한 줄기로 통합적으로 내려오는(宗) 가르침(敎)을 말한다. 조선 시대 임금의 시호(諡號)에서 太宗, 世宗, 등의 '宗'자가 붙은 임금은 전왕인 부친으로부터 정통으로 계승한 경우이다. 그리고 종가(宗家)라면 한 뼈대 있는 가문에서 대대로 장자로 이어 내려온 정통의 집안이다.

종교와 과학은 진리를 구하기 위한 접근방식의 차이로서, 과학이라고 해서 진리를 더 보장한다고는 볼 수 없다. 기술용어로 설명하면 종교는 top-down 방식이고 과학은 bottom-up 방식의, 진리에 대한 접근법이다.

과학 또한 진리를 구하는 방법이다. 그런데 과학을 탐구하여 진리에 가까이 가려면 그 많은 학문을 다 배우기는 어렵다. 과학은 깊이 들어갈수록 학과와 전공이 더욱 분화된다. 인간사회에 필요한 지식소양을 갖추기 위하여 대학에서 그중 하나를 전공하여 배우지만 그것으로 진리에 대하여 어느 정도의 식견을 가졌다고 말하기에는 부족하다.

만약 한 사람이 레오나르도 다빈치 이상의 능력을 갖춰서, 괴테의 희곡에 나오는 파우스트 박사처럼 세상의 모든 학문을 다 배울 능력이 된다면, 과학만으로도 진리에 접근이 가능할 것이다. 그러나 그 모든 학문을 다 배울 시간과 능력이 되지 못하는 보통 사람들은, 진리를 분류하지 않고 통합적으로 가르치는 종교를 받아들일 필요가 있다. 세상 사람으로서 진리를 완전히 공부하기는 불가능하므로 비록 이해하지 못하지만 따르고자 하여 믿는 것이 종교이다.

신앙은 종교에서 진리를 구하는 방식이다. 진리는 심오하여 아무리 현명한 자라도 비록 가까이 가려 할 수는 있을지언정 이해할 수는 없다. 인간의 이해능력만으로는 진리와 통할 수 없기에 신앙이 필요한 것이다.

* 채식주의는 업장을 최소화하려는 수단

지구상에서의 선행은 자신의 업을 갚고 해탈을 향하여 나아가는 수단이다. 할 수 있는 한 최대의 선행을 베풀어야겠는데 해탈을 기대할 만큼의 선행은 부족한 상황에서 해탈에 가까워지는 법은 스스로 남에게 신세를 지지 않아 뒷날 갚을 일을 최소화하는 것이다.

승려가 살생금지는 물론 채식을 하는 것은 사바세계와의 인연을 줄이려는 수단이다. 동물의 고기를 먹으면 아무래도 그 동물이 평생 동안 쌓은 물질에 신세를 지는 격이니 갚아야 할 업이 쌓이지 않을 수 없다.

그런데 채식도 완전한 도덕구현은 아니다. 채소 등도 뽑힐 땐 아프며 끓이려고 할 때 반응이 있다는 것이다. 결국 상대적으로 다른 생명들에게 신세를 덜 진다는 의미일 뿐이다. 식물계는 인간계 그리고 동물계에 이어 영적 밀도가 낮은 세계이므로 채식은 지상에서의 어쩔 수 없는 생존수단을 얻으면서 최소로 신세를 지는 방법이다.

승려가 아니라고 해도 채식주의자가 있다. 채식이 건강에 좋다는 일설에 따른 것일 수도 있지만, 대개는 얼굴을 가지고 있는 생명체를 잡아먹는 것이 부도덕하다는 도덕적 소신에 따른 것이다.

더 나아가 영양섭취의 완전한 도덕성을 실현하기 위해 과일만을 섭취하는 채식주의자가 있다. 과일은 식물이 원래부터 먹히려고 만든 것이기 때문에 이것을 먹는 것은 배추처럼 잎을 먹거나 쌀처럼 씨를 먹는 것과는 달리 식물에도 아무런 해를 가하지 않는 도덕적인 식사라는 것이다.

그런데 식물이 과일을 만드는 것 역시 자연의 순환법칙에 따르는 것으로서 무조건 인간에게 베풀기 위한 것은 아니다. 과일을 만드는 것은 동물이 먹고 멀리 씨를 뿌려주기를 바라서이다. 과

일을 먹는 사람이 과일나무를 기만하는 죄를 범하지 않으려면 먹은 과일을 씨를 모아서 반드시, 쓰레기통이나 아스팔트바닥이 아닌 흙 위에 뿌려줘야 한다. 그러면 주고받는 것이 성립되어 완전한 도덕적 식생활이 실천될 것이다.

* 인간의 여신숭배 욕구는 당연한 것

일반사회는 직위상의 남녀구분이 없어지는 추세이지만 종교에서는 아직도 남녀구분이 지속되고 있다. 종교라는 근본적인 가치에 관해서는 굳이 사회적 이념의 잣대를 대는 것보다는 근원적 차이를 인정하는 것이 나을 것이다.

여성은 본래 남성 종교인이 설정한 종교수도의 길보다는 덕을 베풂으로써 해탈에 가까워지는 것이 옳다. '사바세계'에서 남성의 욕구는 세상에서 자신의 몫을 쟁취하는 것이지만 여성에게는 설령 욕구가 있다 하더라도 그것은 자신의 것을 확장하려는 것이 아니라 세상에서의 소명을 수행하고자 하는 희망에 불과하다.

여성에게는 금욕이 곧 미덕은 아니다. 남자는 심산유곡에 은거하여 구도 생활을 하는 것이 나름의 성취를 추구하는 것이 되지만 여자는 자기 존재를 감추며 수련해야 할 이유는 없다. 여성은 사람을 상대하며 봉사하는 것이 수양의 길이다. 그 대상이 남편과 자식이 아니더라도 자신을 필요로 하는 이들을 접하며 살아가는 것이 최고의 미덕이다.

예로부터 남성 수도자는 여자를 멀리해야 하는 것으로 믿어져 왔다. 사실 여성이 사람을 상대하는 것이 곧 베푸는 것이라는 본서의 취지대로라면 수도자는 여자의 신세를 지지 않는 것이 앞서 말한 육식 기피 등의 이유와도 마찬가지로 타당하다.

여성의 미모는 이제까지 음주 등 타락의 도구와 동류로 취급되며 세상의 義를 추구하는 데 있어서 경계해야 할 대상으로 여겨져 왔다. 앞으로는 富를 가진 이가 세상에 자선을 베풀듯 美도 세상을 위하여 베푸는 자산이 되어야 할 것이다.

예로부터 인류는 비록 지상의 남성권력 시스템에 맞춰 神을 남성화해왔지만 그 이면(裏面)에서는 아름다움과 자비로 인간을 위로하는 여신을 갈망해왔다.

神이란 단어는 의미가 넓어 하나님으로부터 인간의 중심적인 마음(精神에서의 神)까지 포괄한다. 이 책에서의 '神'은 지상에 인간으로 태어나는 영혼보다 높은 영으로서 지구의 운영에 관여하는 영을 통칭한다. 그리스신화와 같은 다신교의 神에도 가까운 의미이다.

근래 영혼계 관련 연구에 따르면 영혼계에서 각 부문을 주관하거나 특정한 재능을 가진 영의 존재를 말하고 있으니 일리아드와 오디세이의 이야기도 허무맹랑한 이야기가 아니다. 그리스 신화는 비록 오늘날 종교로서의 가치는 소멸했지만 세상사를 움직이는 영적 원리를 설명하기에는 여전히 유효하다. 다만 그리스 신화에서 남신과 여신이 확실히 구분되고 신들이 결혼하고 자식을 낳는 것은 지나치게 인간화된 것이다. 영혼이 기본적으로 중성이라는 현대의 연구결과는 "부활 때에는 장가도 아니 가고 시집도 아니 가고 하늘에 있는 천사들과 같으니라"(마태복음 22:30)의 말과 일치한다.

그리스 신화에서 신의 역할을 세상사의 부문별로 나누어 설명한 것은 중요한 성과이다. 유럽에서 성장한 천주교의 마리아 승격과 성자존숭은, 유럽문화의 기초가 되었던 기존의 다신교에 대한 미련이 작용하였다.

중국의 어느 절에서 관세음보살상이 석가모니상보다 훨씬 크게 세워진 것을 보았다. 성모 마리아에게 복을 비는 것은 흔한 일이다. 종교관계자 입장에서는 우상숭배 등 다른 해석의 여지가 있겠으나 일단은 여신을 숭배하고 싶은 인간의 욕망이 작용한 것이다.

여신의 숭배는 현대의 주류 정통신앙에서는 인정하지 않는다. 그러나 그렇다고 해서 神이 남성인 것은 아니다. 인간의 여신을 숭배하고 싶은 마음은 우상숭배로만 돌리지 말고 정서를 달래기 위한 방법으로 좀 더 이해되고 양성화되어야 한다.

聖人들이 남자로서 세상에 나왔던 것은 남자의 몸이 세상에서 활동하기에 적합했기 때문이다. 그것은 성인들의 가르침이나 신적 본질과는 상관이 없다. 아름답고 자비로운 여성의 형상은 인간의 본향(영혼계)에서 누리던 것에 대한 그리움을 위로해주는 효과가 있다. 물론 현생의 초기(어린 시절)까지도 사람들은 연장해서 겪어본 바 있다.

* 음주는 영혼을 육체와 현실로부터 거리를 두게 한다

모든 종교에서는 음주를 금기시한다. 술은 쾌감을 주어 인간의 성취욕구를 실제적인 성취 없이도 만족하게 한다. 쾌감은 인간이 영혼계와 통하는 상태이다. 수도자의 길은 현실에서 금욕함으로써, 욕구 해소에 따른 쾌락으로 영혼계와 통하지 않고, 현실에서 자기의 의식 그대로 영혼계와 통하고자 하는 것이다.

술을 멀리하는 것은 육체를 통한 수련의 극대화를 위한 것이다. 인간은 자신이 목표한 것을 성취하여 영적 성장을 이뤘을 때 흥분하며 쾌감을 느낀다. 그런데 술 등은 실제로는 아무런 이룬 것이 없음에도 신경을 흥분하게 하여 가짜 성취감을 일으킨다.

술을 통하여 영혼계에 노력 없이 통하는 것은 영혼의 성장에 해가 된다. 술에 깊이 취해 무절제하게 영혼계와 통하게 된 상태에서는 만약에 함께 있는 사람이 전생에 어떤 피해를 준 사람일 경우 그것이 행동에 투영되어 곧바로 복수하고자 할 수 있다. 전생의 원수가 가족이나 친구가 될 수 있는데, 갈등관계에 있는 경우뿐 아니라 서로가 좋은 관계로서 현생에서 업보를 푸는 과정에 있다가도, 취중에 전생에 당한 피해를 그대로 되갚아주고자 하는 잠재의식이 육체에 깃든 표면의식의 도덕적 통제를 받지 않고 작용하여 복수를 하기도 한다.

  필자는 모처에서 취중살인 수감자를 만난 바 있다. 전문대학 학생으로서 술을 놓지 못하는 알코올 중독자인데, 아래층 집에 알고 지내는 형을 어느 날 칼을 들고 내려가 살해했다. 그런데 본인은 전혀 기억을 못 한다. 인접한 집에 살고 아는 사이라면 당연히 인연이 있는 사이다. 과거 생에 어떤 피해를 본 사이일 수 있다. 그러면 현생에서 좋은 관계로 업을 풀어야 할 것인데 술은 육체에 깃든 영의 의식적 판단을 배제하고 곧바로 잠재의식의 관점에서 과거의 피해를 되갚는 방법으로 업을 그대로 반전(反轉)하여 이어가게 했다. 두 사람의 가해와 피해 관계의 방향만 바뀌었지 기껏 육체를 얻어 태어난 의미를 살리지 못하고 헛 태어난 결과가 되고 만 것이다.

  근래 모 중년 인기가수가 밤에 친한 후배와 함께 술을 마시다 잠깐 언쟁을 하던 중 후배가 술병을 깨 찌른 일이 있었다. 후배는 곧바로 정신을 차려 신고를 하고 응급치료를 받게 했는데, 전생의 가해 및 피해 관계를 좋은 사이로서 대부분 해소해 나가는 중에, 술김에 현생의 관계 그 이상을 알고 있는 잠재의식이 나머지 업을 단번에 해소하고자 가해행위를 한 것이었다. 다행히 거의 해소되어가는 시점에 일어난 일이라 생명은 물론 가수생활에도 지장을 주지 않을 정도였다.

술 등에 의해 표면의식이 약화된 상태에서 비이성적인 행위를 하는 것을 흔히들 악령에 씌었다고 하지만 책임 있는 주장을 하는 정신의학자들은 악령의 간섭을 쉽사리 언급하지 않는다. 현실에서 온전한 정신으로 영혼을 단련하고 업을 해소하려는 태도를 보이지 않았기 때문에, 꿈 등에서 보이는, 지상에서 쉽게 일어나지 않는 영혼계의 인생프로그램 습작과 같은 일을 스스로 행하고 마는 것이다.

육체를 가진 상태는 흔히 저급한 육욕의 영향을 받는 상태로서 순수영혼의 상태보다 낮은 것처럼 간주하기도 하지만, 현실의 통제를 받으므로 영혼의 성장을 위한 단련의 효과를 주는 상태이기도 한 것이다. 인간은 육체에 깃든 정신의 힘 그 자체로 영혼계에 가까이 가도록 하여야 한다. 그래야 훗날 하늘의 뜻이 지상에서 이루어지는 지상천국을 향해 나아갈 수 있다.

술보다 더 강한 마약의 작용은 중독자가 비록 생애 중에 있더라도 대뇌의 작용을 퇴화시켜, 영혼이 대뇌를 벗어나 자유롭게 여행하며 영적 공간으로 가게 하는 것이다. 이에 따라 벽에 기대면 그대로 드러눕는 느낌이 들든가 절세미인이 땀구멍까지 보이는 선명한 모습으로 다가와 정사를 해주는 등, 중독자가 상상하는 대로 쾌락의 상황을 느끼게 하는데, 이것은 다름 아닌 영혼계의 상태로서 일생을 마친 후에는 얼마든지 느낄 수 있는 것인데 현생 중에 느껴보겠다는 것이다. 마약중독은 육체를 얻은 인생을 무의미하게 만든다.

가끔 외국의 창작연예인이 술이나 마약 과용으로 사고가 나는 소식을 듣는다. 창작력은 영감에 의한 것으로서 영혼계와의 소통으로 이루어지는 것이니 마약의 힘을 빌려 창작을 촉진하고자 했던 것이 이해는 간다. 그러나 영혼계와의 무절제한 교류로 얻은 미적(美的) 정보는 그 조화로움이 덜할 수밖에 없다. 격조 있는 순수예술의 창작인이 마약중독에 빠지는 얘기는 들어본 바 없다. 그리고 마치 난자의 과배란을 유도하는 것처럼 생애 동안의 창작량을 억지로 소진하니, 과배란의 결과 폐경이 빨리 오는 것처럼 창작의 소명을 가진 삶도 위험하게 된다.

술하면 곧잘 연상되는 것이 담배이다. 담배에 관하여 중국 천안문 사태 당시의 운동가 왕단(王丹)의 이야기가 있다.

그는 원래 흡연자였다. 그러다 학생운동이 치열한 와중에는 자연히 거의 흡연을 하지 않았는데 간혹 흡연할 때마다 좋지 않은 일이 발생했다.

첫 번째는 지방으로 도망 중에 양쯔 강의 배 위에서 흡연하니 자기가 공안의 수배 대상임을 방송으로 듣게 되었다.

두 번째는 북경의 친구 집에 숨어 있다가 흡연을 하니 다음날 붙잡혔다.

세 번째는 공판 중에 호송원이 아는 사람이라 선의로 담배를 권해서 받아 피웠더니 학생 중에 최고의 중형을 받게 되었다.

그는 무신론자로서 미신을 믿고 싶지 않았지만 이렇게 흡연할 때마다 안 좋은 일이 생겨나는 것을 경험한 이후로는 흡연을 안 하게 되었다고 했다. 이 말은 어폐가 있다. 오히려 진정한 '유신론자' 즉 기성종교의 신앙인이라면 그런 징크스는 하찮게 여긴다.

그러나 이 사건들은 우연이 아니다. 세상의 각종 쾌락은 세상을 유지하기 위한 수단일 뿐이고 그 자체로 추구할 목적이 아니다. 쾌락만을 추구하는 것은 곧 죄이며 영혼을 어지럽힌다. 흡연은 쾌락만을 위한 것이다. 신체건강은 말할 것도 없고 정신고양에도 도움이 안 된다. 더 좋은 방법으로는 스트레스를 해소하지 못하는 자가 사용하는 일종의 마약이다.

하늘이 큰 소명을 내린 인물의 영혼은 청정상태로 유지되어야 한다. 만약 불순한 것이 침투해오면 하늘은 그에게 주었던 대업을 회수하고자 하여 그의 일은 난관에 부닥친다.

* 유대교는 영혼계에서 신앙에 입문하나 기독교는 현생에서 신앙에 입문

유대교는 전도를 해서 믿게 하는 종교가 아니다. 유대민족으로 태어나면 모태신앙으로 믿게 된다.

현생에서만 생각하면 하나님이 민족을 차별하여, 다른 민족으로 태어난 사람은 아무리 노력해도 그들만큼 사랑받지 못하는 것이 아닌가 하고 불만을 가질만하다.

그러나 영혼의 업이 그만한 자격이 갖춰져 하나님의 선택된 민족으로 태어나고 그 생애 동안 집중적으로 하나님 중심의 진리탐구로써 영혼을 단련하게 되는 것이다. 유대인 출신이 세계의 지도급 역할을 한다는 사실은 자주 언급된다. 그런데 이처럼 유대인의 생애를 겪은 영혼은 후생에 다른 민족으로 태어나 그 민족 중에서 지도자 역할을 담당하곤 한다.

기독교는 그전까지는 영혼계에서 선택하여 구원(영혼의 고양)을 받았던 것을 현생으로 옮겨 현생에서의 자유의지로 구원을 얻을 수 있게 한 의미가 있다.

구약에서 하나님은 이스라엘 백성에게 '너희가 계명을 지키고 순종하면 젖과 꿀이 흐르는 땅으로 인도해 주리라'고 했다. 그러나 이스라엘 백성은 하나님에 불순종하여 진노를 사서 도리어 이천 년을 방황하며 살게 되었다.

이스라엘 민족 대신 가장 하나님을 잘 믿은 자들은 개혁신앙을 지킬 자유를 찾아 대서양을 건넌 오늘날 미국 상류층의 조상인 청교도들이었다. 그리하여 하나님은 그들에게 풍요로운 땅을 선사해 주었다.

신약에서 주인이 농장을 소작인에게 맡기고 타국에 가 있으면서 수확물을 받으려고 종을 보냈다. 그런데 소작인은 종을 처 죽였다. 여러 번 그런 일이 계속되자 주인은 아들에게는 그러지 못하리라 하고 아들을 보냈다. 그러나 소작인은 아들마저 쳐 죽이고 농장을 자기 것으로 했다. 이 경우 주인은 악한 소작인을 벌하고 농장을 다른 소작인에게 맡길 것이라 했다.

원래의 소작인은 이스라엘 민족이고 수확물을 받으러 먼저 파견된 종들은 죽임을 당한 선지자들이며 후에 파견된 아들은 예수이다. 그리고 대신 농장을 맡게 된 소작인은 미국이다.

기독교는 영혼계에서 유대인으로 태어나는 것을 조건으로 했던 유대교 신앙을 세상에서의 표면의식에 의한 선택으로 가능하도록 개선한 종교이다. 그리고 이전의 불교, 유교 등이 지상의 인류에게 진리를 가르치고 따르게 하고자 하였지만, 기독교는 가르치는 데 그치지 않고 몸소 보증을 하였다는데 있다.

한 아이와 아빠가 있다. 아이는 아빠의 희망이었다. 그런데 아빠의 뜻대로 자라지를 않았다. 아이를 바로잡으려 아빠는 바른길을 가르치기도 하고 꾸중도 하고 매도 들었다. 하지만 먹이고 사랑함은 한결같았다.

그러나 아이는 끝내 문제소년이 되어 잘못을 하여 유치장에 갔다. 유치장에 찾아간 아빠는 피해자의 부모로부터 가정교육을 잘 못시켰다는 온갖 수치를 받고 앞으로는 책임을 지겠다는 약속을 한 후에 데려왔다.

아이는 말했다. "아빠, 죄송해요. 내가 진작 아빠의 말을 잘 들었다면 아빠가 이런 창피를 당하지 않았을 텐데."

후회하는 아이에게 아빠는 말한다. "네가 이제까지 저지른 잘못은 아빠가 사정해서 다 용서되었단다. 하지만 네가 다시 잘못을 저지르면 나는 더이상 해줄 것이 없단다."

즉 하나님은 인간을 창조하고 공자 석가 소크라테스 등의 여러 성인을 보내 바르게 살 길을 여러 번 가르쳤다. 유대민족의 선지자 또한 그러했다.

그러나 세상 사람은 듣지 않았고 세상의 죄는 쌓였다. 결국 몸소 희생하여 죄를 대신 치르고자 예수로서 이 땅에 왔다. 인간이 가르침을 지키지 못한 죄는 하나님 영의 일부로서 지상에 온 예수의 희생으로 용서받았지만 이후에는 다른 구원의 방도가 없다.

아이가 과거 잘못한 것은 아빠가 유치장에 와서 더 이상은 잘못을 저지르지 않도록 하겠다고 단단히 약속함으로써 용서되었다. 그러나 아빠가 보증했는데 또다시 그런 일이 생기면 아빠도 더이상 어찌할 도리가 없는 것이다.

삼위일체 사상 등 예수님은 하나님과 일체라는 이야기는 많이 접해왔다. 그런데 지상에 온 예수가 다시 인간으로서 하나님에게 간절히 기도한다. 예수가 하나님의 영을 받고 인간으로서 지상에 왔으나 하나님의 영은 하늘에 여전히 존재한다. 영혼이 지상에 올 때는 그 일부를 가지고 오며 나머지는 영혼계에 그대로 남는다는 마이클 뉴턴 박사의 연구에서도 설명된다.

* 이슬람교는 지구상에 늘어난 어린 영혼을 위한 종교

유대교, 기독교와 한 뿌리에 있는 이슬람교는 회교(回敎) 즉 돌아온 가르침이다. 기독교가 유대교로부터 진보한 종교라면, 이슬람교는 도로 유대교의 교리로 회귀하면서, 유대교의 선민의식과는 달리 누구나 생애 도중에 믿을 수 있는 개방형 종교이다.

그러면 이미 예수를 보내서 인간의 각성에 대하여 최후통첩을 한 상황에서 이슬람교는 왜 다시 나왔나.

유대교에서 하나님은 이스라엘 민족을 적자로 선택하였으나 그들은 불순종으로 진노를 샀다. 그리하여 애초에 서자였던 아랍민족을 비롯하여 누구나 참된 신앙을 가지면 그들(유대인) 대신에 하나님(알라신)의 사랑을 받을 수 있다. '하나님의 택함'의 의미를 달리하였다 뿐이지 교리는 신약의 진보성을 벗어나 구약으로 회귀하였다. 성도덕에 관한 완고함, 여성의 역할에 대한 제약 등이 그것이다.

다문화의 이름 아래 우리나라에도 이슬람권 이주자가 늘어나고 있다. 정부와 각종사회단체는 대체로 그들에게 우호적이고 그들의 한국사회정착을 도우려 한다. 한편 기독교계 일각에서는 한국이 이슬람의 적극적인 포교대상이 되어 동북아 진출의 교두보가 되었다고 하여 경계의 시각을 나타내고 다른 한쪽에서는 우려할 것이 없으며 우월한 교리로 승부하자고 하기도 한다. 물론 대한민국은 국교가 없는 신앙자유의 국가이기 때문에 후자가 자연스럽다.

이슬람에 관해서는 테러리스트를 연상하지 말고 편견 없는 포용을 해야 한다는 주장이 있는데 우선은 관련한 가치판단에 장애가 없어야 한다.

중세 이후 지구상의 인구는 크게 증가했다. 지구는 생명이 있는 우주의 다른 여느 행성보다도 혹독한 삶의 체험을 제공하는 곳이다. 지구의 치열한 생존환경이 영혼단련에 효과적이라고 우주에서 정평이 나서 주목을 받아 많은 새로운 영혼이 그들의 지도령의 추천을 받아 지구에 찾아오게 되었다. 이들 중에는 그 자체가 어린 영혼도 있고 우주에서의 관록은 있지만 지구상에 전생경험이 적거나 없는 영혼도 있다. 여하튼 지구상에 많아진 지구 교과 신입생들의 영혼을 초급과정부터 효과적으로 수련시킬 필요가 생겨났다.

이슬람을 국교로 믿는 국가 중에 선진국은 없다. 부국은 있지만 국민의 노력과 능력으로 된 것은 아니다. 유대교의 교리를 따르며 하나님을 향한 유일 신앙을 굳게 지키지만 불순종한 이스라엘 민족을 저주한다.

어째서 하나님은 이미 기독교가 열린 이후에 다시 회교를 허락하였는가. 그것은 현재 세계에 사는 인류 모두가 유대교 이후 기독교에서 베풀었던 여러 자비를 받고 그로 인해 얻은 기회를 더욱 발전시켜 영적인 구원을 향해 나갈 만한 자격이 되는가의 문제이다.

지구상의 인구가 많아진 것은 영혼이 지구로 환생하는 빈도가 잦아진 것도 있지만 영적 성숙도가 덜한 어린 영혼이 지구상에 새로이 많이 태어나기 때문이기도 한데, 그들이 지구의 지나온 역사에 따른 변화를 무상으로 받을 자격이 있다고 보기는 어렵다. 따라서 지구상의 어린 영혼들의 수련을 통제하기 위한 종교를 마련할 필요가 있다.

인간정신 진화의 전문가 데이비드 호킨스 박사는 기독교, 불교, 힌두교 등 주요 종교의 완전한 가르침을 1000이라는 수치로 표현할 때 이슬람교의 가르침은 애초에도 500 남짓이었으며 지금의 호전적 회교원리주의자들은 그 이하라고 했다.

그러나 그렇다고 해서 비이슬람권 사람들, 특히 기독교도들이 단지 기독교를 믿는다는 것으로 그들보다 높은 수준에 있다고는 결코 말할 수 없다.

지금 기독교 국가 등 선진국 국민의 상당수는 구시대 가치관의 통제에서 벗어난 상황을 악용하여 오히려 유대교와 회교의 엄격한 통제하의 삶만 못한 방탕한 삶을 살고 있다. 이처럼 영혼의 성숙도가 부족한 이들을 위해 회교는 필요했던 것이다. 천국에 가면 마음껏 술과 고기와 여색을 즐길 수 있다는 가르침은 어린 영혼에게 더 설득력 있는 가르침으로 다가온다.

일부일처제에서 남자는 자기가 원하는 여자와 결혼하면 인생의 가장 큰 성취를 이룬 것이나 다름없다. 이 상황에서 더 이상의 성취동기를 얻지 못하니 많은 남자들이 중년 이후 목표를 잃고 방황하거나 분에 넘치는 허황된 목표로 그릇된 삶을 살기도 한다. 인생에서는 아내를 얻는 것 이상의 중요하고 높은 목표가 있음을 이해하는 자라야 일부일처제하에서도 평생 인생목표를 향한 긴장을 유지하며 살아갈 수 있다. 그렇지 않다면 일부다처제하에서, 혼인 이후에도 계속 자기관리를 잘하고 모범적인 생활을 하면 더욱 좋은 후처를 얻을 수 있다는 희망을 품으며 사는 것이 차라리 영적 수련에 더 효과적일 것이다.

작가 톨스토이(1828~1910)는 저서 《藝術論》에서, 예술이란 한 사람이 체험한 감정을 다른 사람들에게 전달하는 수단이라고 정의하고 있다. 예술은 사람 간 정서의 결합으로 행복을 창조하여 인류를 향상시키는 것이 되어야 마땅한데, 향락을 그 목적으로 생각하는 그릇된 미학이론 때문에 인간을 조야하게 타락시키는 수단이 되고 있다는 것이다. 이것은 마치 어머니가 되기 위해서 갖고 있는 여자로서의 매력을 탕아의 쾌락을 위해서 파는 것과 흡사한 일이라고 했다.

예술의 가치든 여성의 가치든 본래의 가치를 이룩하기 위하여 딸린 부수적인 것이 본래의 가치를 위협하여 '이미지에 의한 본질의 왜곡'을 초래할 수 있다. 여성이 여성의 매력으로 인해 발생하는 프리미엄을 재물과 권력 등 본질과 다른 목적을 위해 이용하는 일이 빈번하면, 차라리 이슬람 교리의 통제하에 여성들이 자신의 미를 과시하지 못하고 최소한의 본분에 매여 사는 것이, 영적 단련이라는 지구상의 삶의 목적을 위해서는 낫다고 판단될 수 있다. 여성의 미를 사랑을 베푸는 것 이외의 목적으로 사용함이 범람한다면 이는 회교혁명의 대상이거나 회교원리주의자들의 멸시 대상이 되는 것이다.

이슬람 포교의 영향권에 편입되었다고 긴장하는 한국의 기독교계는 이슬람을 단지 이단의 종교로만 보고 경계할 것이 아니라 과연 우리 사회의 영적 진화도가 이슬람교 같은 종교가 필요 없고 기독교에 의해 충분한 영적 수련이 가능한 수준인가 살펴야 한다. 우리 사회가 이슬람이 필요한 사회일 수밖에 없다면 이슬람이라도 믿어야 하는 것이 무종교의 방종보다는 나은 것이다.

* 기독교와 윤회사상

　전생치료연구가 브라이언 와이스 박사는 인간의 윤회가 각 나라, 민족, 남자, 여자, 부자, 빈자를 고루 겪어가며 완성을 향해 나아가듯이 각 종교를 믿는 일생도 두루 겪는 것이라고 했다. 여러 종교의 차이는 그 가르치는 진리의 차이보다는 방법론의 차이가 두드러진다.

　유대교는 유대민족만의 종교로서 모태신앙이어야 하며 전도로 믿을 수 있는 종교가 아니다. 유대인만이 하나님의 선택을 받아 영적 구원에 가까이 간다는 것은 불공평해 보인다. 물론 세상의 차별에는 가장 보편적인 것으로서 인간 개개인의 빈부격차 문제도 있지만, 이것은 종교적으로는 절대적인 가치를 두는 것이 아니다. 그런데 신성한 절대 가치라고 할 인간의 영혼구원이 선천적으로 선택된 자들에게 우선 한다는 것은 이해하기 어렵다. 그러나 윤회의 관점에서 보면 전생에 이방인으로서 성실히 업을 해소하고 영혼계에서 유대인으로서의 탄생허가를 받아 다시 태어나면 기회를 얻는 것이니 문제 될 것이 없다.

　기독교에서는 유대민족이 되어야 하나님의 선택을 받는 것이 아니고 현생 중에 거듭남으로써 유대민족과 똑같은 하나님의 자녀가 되는 혜택을 얻는다. 영혼계에서 결정되던 일이 인간세계에서 결정되도록 변화된 것이다. 뜻이 하늘에서 이루어짐과 같이 땅에서도 이루어지는 과정의 중요한 변화이다.

유대인으로 선택된 자는 영혼구원을 받아 해탈에 가까워질까. 승려, 신부, 수녀 등 수도자는 해탈을 목표로 수도하지만 실제로 되기는 지극히 어렵다. 많은 사람들의 전생이 이들 수도자이다.

그렇다고 수도자로서의 생이 헛수고로 간주될 수는 없다. 수도자 이후 평범한 신분의 인생을 다시 산다 해도 그 영혼은 높은 성숙도를 가져 사회에 기여하기 때문이다. 선택받은 민족인 유대인으로서의 신앙심 깊은 일생을 살아도 이후 다른 민족에서 태어날 때 높은 영적 성숙도를 가지게 되어 새로 택한 민족사회를 발전시킬 사명을 가진다.

과거 역사에서 유행하던 세습왕조는 영혼계에서 권력자의 자식으로 태어남을 선택하여 권력자의 지위에 오르지만, 지금의 세계는 대부분 현생에서 육체를 가진 인간의 자발적인 노력으로 권력자의 지위를 얻는다. 이것 또한 하늘에서 이루어졌던 뜻이 땅에서 이루어지게 되는 변화의 하나이다.

2008년 미국의 대통령선거에서 공화당 소속의 파월 전 합참의장은 같은 당의 매케인 후보가 상대 진영 오바마 후보가 이슬람교도 집안에서 태어났다는 것을 공격소재로 삼는 것에 대해 "그렇다면 이슬람교도 집안에서 태어난 아이는 대통령 꿈도 꾸지 말란 것이냐. 그것은 미국이 아니다."라고 했다. 이것은 미국이 추구하는 이념이, 지구상의 사람들이 자기의 성취를 위한 과정에서 균등한 기회를 가지게 하여, 하늘에서 이루어지던 뜻이 땅에서 이루어지도록 하는 것임을 말한다. 유대교로부터 기독교로의 변화 취지와도 일치한다.

기독교에서는 윤회를 가르침의 수단으로 사용하지 않기 때문에 일부 경직한 기독교인은 기독교가 윤회를 부정하는 듯이 말하고 있지만 성경에 윤회를 부정하는 말은 없다. 욥기에서 욥의 일곱 아들과 세 딸이 사고로 죽었다가 똑같이 다시 태어나는 것은, 어리거나 젊을 때 죽어 인연의 진행이 정지되었을 경우 같은 부모나 친척에 다시 태어나곤 한다는 현대의 영혼계 연구와 일치한다. 미국에서는 근래 교통사고로 세 남매를 잃은 부모가 이후 세 쌍둥이 남매를 낳은 사례가 있다.

로마의 콘스탄티누스 대제 시기에 윤회에 관한 논의를 금지했지만 성경 곳곳에는 윤회를 인정하는 흔적이 남아 있다. 예수도 제자들에게 세례요한이 엘리야의 환생임을 말했다.[1] 엘리야는 요한보다 구백 년 전의 사람이다.

요한복음(21:22)에서 예수가 다시 올 때까지 제자가 머무르게 한다는 이야기는 제자의 영혼이 아직 지구상에 윤회하고 있을 때 다시 오겠다는 약속으로 보아야 한다. 제자가 당시의 육체 그대

---

1) 마태복음 11장 14절 "오리라 한 엘리야가 곧 이 사람이니라", 17장 12~13절 "엘리야가 이미 왔으되 사람들이 알지 못하고… 그제야 제자들이 예수의 말씀 하신 것이 세례요한인 줄을 깨달으니라." 말라기 4장 5절 "보라 여호와의 크고 두려운 날이 이르기 전에 내가 선지 엘리야를 너희에게 보내리니"

로 살아있을 때 다시 오겠다는 약속으로 간주하면서 예수가 약속을 지키지 않은 것이라고 하는 일부의 비판은 동의할 수 없다.

2000년도 말 필자는 북한에 남겨둔 부인을 생전에 만나리라는 믿음을 가지고 혼자 살다가 별세한 장기려 박사의 전기소설에 다음과 같이 썼다.(月刊朝鮮 2001년 1월호〈짧은 사랑 긴 이별 영원한 合一〉〉

> 張 박사는 아내와 편지를 주고받게 되면서 언젠가는 만나게 될 것이라는 믿음을 굳게 가졌다. 그러나 이승에서의 재회는 1995년 그의 별세로 끝내 이루어지지 못했다. 하지만 아마도 그는 人間界와 靈界의 거리를 넘어 지금도 사랑을 이루고 있을 것이며 훗날 天上에서의 완전한 合一을 기다리고 있을 것이다.
>
> 張 박사는 생전에 '나의 생전에 평화통일이 되어 아내와 만나 함께 살 일이 있을 것이다.'하고 굳게 믿었다. 인간의 육신의 삶에 집착하는 해석으로는 그의 믿음이 결국 이루어지지 않았다고 여길 수도 있을 것이다. 그러나 聖經에서도, 예수는 제자들의 世代 안에 다시 돌아오리라고 약속하고 제자 중의 하나를 「그때까지 남겨두리라」[2](요한 福音 21:23) 고 말했다. 張 박사의 믿음은 바로 성경의 그 약속의 의미와 마찬가지로 해석되어야 할 것이 아닐까.

---

2) 요한복음 21:23 … 내가 올 때까지 그를 머물게 하고자 할지라도 네게 무슨 상관이냐 …

당시에 필자는 예수의 이 성경 중의 약속을 지금과 같이 '제자의 영혼이 아직 지구상에 윤회하고 있을 때 다시 오겠다는 약속'으로 받아들이지는 못했다. 인간의 논리로는 이해되지 않아도 믿어야 하는 것이 종교를 믿는 자의 도리라는 생각으로 이와 같은 추측을 공개적으로 발표했던 것이다. 그러나 지금은 예수의 약속이 유효하다는 것을 논리적 확신을 가지고 말할 수 있다.

과거의 권위를 나쁘다고 보는 관점에서는 로마교회의 윤회논의 금지를 음모론적으로 볼 수 있으나 당시 교회의 그런 결정은 포교의 효율성을 위해서는 효과적이었다. 지금 생에 道를 따르지 않더라도 다음 생의 기회가 있다는 안일한 생각은 생의 성취를 위한 긴장도를 떨어뜨린다. 신도들로 하여금 인간영혼의 구원에 걸리는 시간을 너무 오래 걸리는 것으로 생각지 않고 이번 생에 최선을 다하게 하는 것이었다. 윤회를 가르침의 근간으로 삼는 불교를 주 신앙으로 하는 국가보다 기독교 국가들이 앞서게 된 이유 중의 하나이다.

현대는 민주사회이다. 누구나 인격이 평등하다고 인정된다. 모두가 자기의 자존심을 가지고 산다. 그러면서도 자기의 본분을 지켜야 하는 것이 세상이다. 그러므로 세상에서의 지위와 명예가 특정인 고유의 것이 아니고 서로 돌아가는 것임을 아는 것이 좋다. 기독교의 윤회논의금지는 포교의 목적을 위하여 있었던 것이지만 지금에 와서는 그 필요성이 없으므로 해제함이 마땅하다.

오히려 기독교가 윤회를 부정하는 것처럼 오해하는 것이 기독교의 진리성을 수용하는데 장애가 되기도 한다. 이미 윤회는 막연히 믿는 것이 아니라 실증되고 있는 사실인데 이것을 두고 기독교의 가르침이 잘못된 것인 양 말하는 경우가 있는 것이다.

그러나 '원소주기율'과 '물이 산소와 수소의 화합물이라는 사실'을 가르치지 않았다고 종교를 부정할 수는 없다. 중요한 것은 세상의 진리를 일일이 알려주는 것보다는 '어떻게' 살아가야 할 것인가를 가르치는 것이다. 기실 삶의 길을 올바르게 가고 있다면 윤회에 관한 지식은 필수적인 것이 아니다. 자기의 현생에서의 주어진 삶에 충실해야 이번 생에 보충할 영적 깨달음을 얻을 수 있지 전생에 자신이 어떤 사람이었다는 것에 지나치게 관심을 두거나 미련을 둘 필요는 없다. 물론 정신과적인 치료의 목적을 위해서는 필요할 수 있다.

만약에 현생에서의 선행의 목적이 다음 생에 더 부유하게 잘 태어나기 위한 것이라면 이것은 선행의 목적이 자손의 행복과 영광을 위한 것이라는 것만큼이나 부질없어 보인다. 설령 복을 받고 태어났다 해도 지상의 인간 삶은 다 보잘것없음을 도를 깨치려 하는 사람이라면 인정할 것이다.

인생은 해탈을 목표로 노력하여야 한다. 대부분의 인생은 윤회의 굴레를 벗어나지 못하고 다시 태어난다 할지라도 우리의 목표는 그렇게 잡아야 한다. 우리가 시험공부를 할 때 80점을 목표로 공부하면 50점도 맞기 어렵다. 비록 이루기는 어렵다 해도 백 점을 목표로 공부해야 60점이라도 맞는 것이다.

한국의 경우 초기 기독교는 포교의 목적으로 기존 문화의 근간을 이루었던 漢字를 억제하는 정책을 폈다. 한자에는 세상의 진리가 포함되어 있으니 진리를 조금 아는 민중에게 보다는 백지상태의 민중에게 새로운 가르침을 베푸는 것이 더 수월하기 때문이었다. 이 역시 지금은 그러한 필요성이 없어진 만큼 변화됨이 옳다.

내가 해 아래서 한 가지 폐단 곧 주권자에게서 나는
허물인 듯한 것을 보았노니
우매자가 크게 높은 지위를 얻고 부자가 낮은 지위에 앉는도다

〈솔로몬, 전도서 10:5~6〉

좌우 이념과 국가

* 영혼의 성장과 삶의 행복

세상의 섭리에 따라 생물은 진화한다. 인간의 영적 성장의 동기도 이에 따른다. 세상의 섭리를 존중하고 따르고자 하는 것과 인간이 지구상에서 만족스럽게 살아가고자 하는 것은 일치하기도 하지만 때로는 상반되기도 한다.

인간은 동물적인 육체적 진화를 추구하는 본능 위에서 영적인 진화를 추구해야 한다. 생존경쟁의 원리를 존중하는 것은 세상의 섭리를 존중하는 것이고 발전을 향해 나아가는 것으로서 우파 이념을 추구하는 것이다. 인간의 신체가 동물의 단계에서 인간의 모습으로까지 진화한 것도 생존경쟁에 충실하여 지속적인 향상노력을 했기 때문이다. 동물의 단계에서 상생을 추구했다면 하등생물에 머물렀을 것이며 기껏해야 초식동물에 그쳤을 것이다.

육체적 진화가 이미 이뤄진 인간세상에서는 생존경쟁보다는 상생과 배려의 추구가 영혼성장의 목표에 부합한다. 인간이 다 함께 만족스럽게 생활하기를 우선하는 것은 좌파이념이다.

이렇게 보면 좌파는 고상한 목표를 추구하고 우파는 저급한 목표를 추구하는 듯하다. 그러나 중요한 것은 목표를 추구하는 주체가 현재 어느 상태에 있느냐를 자각하는 것이다. 인간이 동물과 神 사이에 있는 존재라고 할 때 인간의 현재 상태를 낮추어 보는 자는 우파에 속하고 높여 보는 자는 좌파가 된다.

유교에서는 자기의 본분에 맞춰 사는 것을 강조했는데 좌로도 우로도 치우치지 아니함은 곧 자신의 본분에 맞춰 과분하지도 비굴하지도 않은 삶을 사는 것이라고 하겠다. 인류 전체에 있어서도 이러한 중용이 필요하다.

* 재산, 성별의 관념에 대한 좌우파의 차이

사회에서 우파를 자처하는 사람들은 자유경쟁으로 자신의 부를 소유하는 것을 정당화하고 좌파를 자처하는 사람들은 이것을 인간의 필요에 따라 나눔을 중시한다.

그런데 인간의 재물획득을 위한 노력은 인간의 영혼이 세상에서 성장하고 단련하기 위한 수단에 불과하다. 그러므로 소유에 대한 집착과 요행에 의한 부의 획득은 좌우파의 구분대상이 아니고 진화본능에든 영혼단련에든 도움이 되지 않는다. 좌우파의 구분은 이념을 보는 것으로서 理念(ideology)은 이상적인 목표를 향한 생각이므로 어느 쪽이라도 그 자체는 좋은 의미가 있다.

우파는 남녀의 차이를 인식하여 역할의 차이를 인정한다. 좌파는 이러한 차이를 인정하기보다는 될 수 있으면 사회에서의 동등한 역할을 추구한다.

영혼에 남녀의 구분은 없다. 세상에서 남녀의 구분을 중요시하는 것은 영혼이 남자 혹은 여자의 몸을 가지고 있을 때 이수 중인 과목에 충실히 하라는 것이다. 인간이 자신이 태어난 성별, 신분, 환경 등을 중시하여 그 바탕 위에서 현생의 영혼단련과목을 충실히 이수해야 하는 것은 보수적인 가치이다. (여기서는 우파와 보수, 좌파와 진보는 같은 의미로 사용하기로 한다.)

반면에 영혼 자체에 성별이 없는 것을 감안하여 남녀의 구분을 중요시하지 않고 영혼 그 자체를 보자는 좌파적 입장은 근거가 있다. 지상의 삶이 만족스럽고 행복하기 위해서는 육체를 가진 인간이 영혼과 같은 자유를 누리기를 지향해야 한다. 지상의 인간사회발전의 궁극적 목표인 '하늘에서 이뤄진 뜻이 지상에서 이뤄짐'을 향하여 나아가는 것이다.

지상의 인간이 영혼 못잖은 자유를 누리게 되는 것 즉 지상낙원의 실현은 모두의 목표이기는 하지만 현재 인간사회의 영적 수준이 그렇게 누릴 자격이 되는지가 관건이 된다. 어린이가 나중에 어른이 되어 생활의 자유를 얻는 것은 당연하지만 성인연령을 몇 살로 하느냐가 문제가 되는 것과도 같다.

우파는 지구를 영혼의 성장을 위한 곳으로 좌파는 지구를 행복을 얻는 곳으로 본다. 지구상의 생활은 좌우가 조화되어야 한다. 세상이 살기 싫은 곳이 된다면 세상은 존속하지 못할 것이다. 세상이 영혼성장의 기능을 잃으면 세상의 필요가 없어지게 된다.

* 좌우파는 전생의 지나온 길에 따른다

좌우파의 사상은 현실에서 임의로 가질 수 있는 것이 아니다. 특히 후천적인 교육으로 되는 것이 아님은 같은 집안에서 자란 형제도 사상이 다른 경우가 많기 때문이다. 소설 《太白山脈》에도 이러한 내용이 줄기가 되어 있다. 영문학의 자매소설가 샤롯 브론테와 에밀리 브론테의 경우도 《제인 에어》에는 좌파적 사상이 《폭풍의 언덕》에는 우파적 사상이 있다.

개인의 좌우파의 분화는 누적된 전생에 의해 형성된 영혼의 개성과 현생의 탄생 환경의 어울림 여부에 기인한다. 부유한 환경에 익숙한 영혼이 가난한 환경에 태어나면 현실에 강한 불만을 느끼게 되고 세상을 바꾸고 싶어 한다. 가난한 환경에 익숙한 영혼이 부유한 환경에 태어나면 자기가 누리는 부유함에 미안함을 가지며 가난한 사람들을 위한 운동을 하고 싶어 한다. 이에 따라 두 경우의 사람은 좌파적 성향을 띠게 된다.

전생으로부터 익숙한 환경에 태어나면 이미 그 환경에 대처하는 데 경륜이 누적된 상태이므로 가난하든 부유하든 현실에서 자기의 본분과 인생개척에 힘쓴다. 이에 따라 우파적 성향을 띠게 된다.

여성으로 익숙한 영혼이 남성으로 태어났거나 반대의 경우, 남녀의 성 역할의 벽을 인정 않으려 하므로 좌파적 성향을 띠게 된다. 이미 익숙한 성으로 태어난 사람은 여성다움과 남성다움이 자연스럽게 발현되므로 우파적 성향을 띠게 된다.

* 민족과 국가의 집단적 좌우파 성향

민족이나 집단으로 보면 우파는 하늘의 소명이 우선 내린 민족을 중심으로 그 뜻을 순종하고 좌파는 신의 불평등에 반항한다.

세계정세를 볼 때 유대인과 미국이 우파에 해당하고 아랍과 남미 일부가 좌파에 해당한다. 보존할 정신적 가치가 비교적 확고히 마련되어 있는 집단은 전통의 가치에 익숙한 영혼이 그 가치를 승계하고 발전시키고자 비교적 많이 환생한다. 반면에 가치의 정립이 덜 되었거나, 그 자체가 대립적 요소를 품고 있는 가치가

지배하는 곳에서는, 그 집단에 익숙하지 않은 영혼이 찾아와 자기 집단을 포함한 전 세계의 변화를 일으키기를 꿈꾼다.

이슬람교는 그 자체가 유대교와 기독교에 대한 대안으로 존재한다. 그러므로 유대교나 기독교 사회에서 문제의식을 느꼈던 영혼이 이슬람 사회에 다시 태어나 유대인과 미국 주도의 세계에 불만을 가지고 테러리스트 등의 활동을 할 수 있다. 혹은 투쟁적 기초단련이 필요한 영혼도 테러리스트가 될 수 있다. 테러리스트 정도는 안 되어도 남미 등에 새로이 태어난 영혼이, 자기가 속한 사회가 세계를 주도하지 못하는 것에 불만을 품고 좌파 국가의 반미성향을 주도할 수 있다.

유럽과 같이 하늘의 소명을 먼저 받은 집단이라 할지라도 그곳의 여러 운동단체처럼 후진국의 삶에 관심이 많으면 좌파가 되고 선진국이 아니더라도 남미와 아랍의 일부 국가처럼 미국과 유럽이 주도하는 질서에 협조하면 우파가 된다. 유럽의 좌파는 물론 후진국에서의 전생이 많이 쌓인 영혼들이다.

선진국이 아니더라도 인도, 방글라데시, 태국 등과 같이 비교적 안정되고 보수적인 나라들이 있다. 자기들이 속한 집단이 비록 세계를 주도하지 못하더라도 그 위치에 맞는 역할에 충실하고자 한다. 이들은 자체 내에 그 사회에서의 전생경험이 많은 영혼이 다수이므로 대체로 자기네 집단의 현재에 처한 위치를 수긍한다.

* 인종 민족 간의 차별적 시선은 무의미

 2008년 미국의 오바마 대통령이 당선되었을 때 일각에서는 미국사회가 편견과 차별이 없는 사회임을 보여줬다며 부러워하기도 했다. 이제까지의 백인 밑의 흑인, 주인 밑의 노예 등으로 인간을 편 가르는 완고한 신분제 관습이 무너지고 마틴 루터 킹과 말콤 X의 꿈이 이루어진 것이라며 미국의 '선진사회'를 부러워하는 눈으로 바라보았다.

 그러나 이미 동양권에서 인종 간의 장벽과 신분차별은, 중세 중국의 남북조시대에 중국인과 이민족과의 극심한 갈등과 혼란 이후 진정되었고, 종족에 따른 신분제를 근세까지 완고히 시켜오던 한반도에서도 갑오경장 이후 철폐되었다.

 다만 인간의 업보는 지울 수 없는 것이기에 과거의 원한이 얽혀 이후로도 갈등은 계속 일어났다. 일각에서는 지금까지 백인에 눌려서 흑인들이 무능한 것처럼 알려졌지만 공부의 기회가 주어지니 백인을 앞지른다 하며, 흑인들은 연예, 체육 등의 문화에서 이미 백인을 앞지른 지 오래됐고 정치만 뒤처져 있었지만 이제는 정치도 흑인이 앞서 갈 것이라고 하기도 했다.

 그러나 어느 종족의 우열을 논하는 것은 부질없는 것이고 중요한 것은 시대의 운세이다. 중국에서도 과거에는 한족이 문화민족이고 주변민족은 미개한 오랑캐들이었지만 중세 이후 몽고족과 근세에 만주족이 중국을 지배한 바 있다.

　각 종족 혹은 민족 집단의 시대에 따른 운세변화는 그 집단의 유전자와 문화가, 고급한 능력의 영혼이 깃들어 뜻을 펼치기에 적합하다고 선택을 받아 얼마나 많이 찾아오는가에 있다. 이집트문명, 그리스문명, 잉카문명, 마야문명 등이 그들의 후손이 있음에도 옛날 같은 명성을 지키지 못하는 것은, 고대 그러한 문명을 이끌었던 고급능력의 영혼이 더이상 찾아오지 않기 때문이다.

* 애국심은 고유한 영혼성장방식의 보존을 위한 것

　인간의 현실사회에서는 애국심을 강조하고 그 가치를 높게 평가한다. 생명을 바치며 애국심을 실현하는 것은 최고의 헌사를 받으니 애국심이라는 것은 단지 물질세계에서의 육체적 혹은 재산적 가치 그 이상이다.

　그런데 애국심의 정의는 무엇일까. 주군을 향한 충성은 과거의 이야기이고 지금은 민주국가시대이다. 민족 즉 자기종족의 유전자를 지킨다는 것은 국가라는 관념과 일치하지도 않고 영적 관점에서의 가치와도 관계가 깊지 않다. 그렇다면 영적 관점에서 애국심을 정의할 필요가 있다.

　지구상에 여러 국가가 있음은 인간의 성장 및 생활환경에 여러 방식이 필요함을 의미한다. 이들은 각자의 방법으로 인간영혼의 성장과 단련에 기여한다. 지구상에 다양한 국가가 있음은 영혼의 완전을 향한 성장 과정에서 영혼이 여러 다른 환경을 두루 겪어보게 하기 위함이다. 그러므로 한 국가에서 조성한 영혼성장환경이 충분히 정당성이 있을 때 그 나라의 구성원은 기존의 풍습과 전통을 지켜나갈 노력을 해야 마땅하다.

이를테면 한국이 고유의 문화와 풍습을 모두 버리고 이제까지 인류역사에서 비교적 효율적이고 경쟁력 있다고 검증된 미국문화로 바꿔 생활한다고 하자. 이렇게 만들어진 국가의 지도부 또한 국가를 보전하기 위해 애국심을 강조할 것이다.

그러나 아무리 한국인 구성원의 혈통이 이어지고 한국 땅이 한국인에 의해 통치된다 하더라도 이미 기존의 한국이란 나라는 없어진 것이다. 이런 환경에서는 애국심이란 것도 지배계층의 이익을 보호하는 수단에 불과하여 인간 사회의 계층적 지배구조에 순응하는 것일 뿐이지 심각한 가치를 둘 수 있는 것이 아니다.

물론 한국 고유의 문화와 풍습이 '소돔과 고모라'처럼 영혼의 성장에 지극히 효과적이지 않아 지구상에서 제거할 필요성이 확인되었다면 정당할 수 있다. 부패와 타락에 빠졌던 역사상 많은 국가들이 타국에 의해 멸망된 사례가 그러하다. 현대국제사회에서는 무력에 의한 국가의 멸망은 흔치 않지만, 고유전통 말살에 의한 멸망은 앞으로도 얼마든지 있을 수 있는 것으로서 영적인 관점에서 보면 재난 혹은 침략으로 멸망된 국가와 다름이 없다.

애국심은 마치 인류가 자연보호의 차원에서 지구상의 각 생물의 종을 보존하는 노력을 해야 하듯이 지구상의 여러 국가에 의한 다양한 방식의 영적 성장환경을 보존하는 노력으로서 여기에는 각각의 국가에 속한 구성원이 일차적인 책임이 있다. 자기의 나라에 대한 애국심은 곧 자기 나라 고유의 영혼성장방식 보존에 노력하는 것이다.

萬國活計 南朝鮮
(만국활계 남조선)

〈강증산(1871~1909)〉

만국의 공존

* 국가 간의 환생으로 인한 가치관교류

특정 국가를 선택해 태어난 것은 이번에 영혼성장의 효과적인 방법으로 그 나라를 선택한 것이다. 그러므로 사람은 할 수 있는 한 자기의 탄생 환경을 활용하여 그 배경하에서 태어난 의미를 살려야 한다.

태어난 나라로부터 타국으로 유학을 가든가 기타 취업 및 봉사활동으로 타국과 관계를 맺을 수가 있다. 이때 태어난 나라로부터 살아온 경험은 새로 거주하게 된 나라에 영향을 주게 된다. 유학 등으로 오래도록 머물다 다시 본국으로 돌아와도, 머물렀던 나라의 경험이 다시 돌아온 본국에 영향을 준다. 슈바이처 박사의 경우와 같이 먼저 거주했던 나라의 문화적 성취도가 후에 거주하게 된 나라보다 현저히 높은 경우 가르침과 봉사로서의 의미가 있게 된다.

　이와 같은 후천적인 문화전수(傳授) 외에도 선천적인 문화전수가 있다. 먼저 합리적인 선진사회의 인생을 겪은 영혼이 비교적 합리성이 덜한 후진사회에 다시 태어나서 그 나라에 합리적인 가치관을 더 심어주는데 기여하는 것이다. 물론 합리성 이외에도 어떤 보완해야 할 부족한 정서도 보태줄 수 있다.

　한국사회는 과거에 정에 좌우되고 합리성이 부족하다고 자체적으로 평가되어 왔다. 합리적인 사고를 하는 똑똑한 사람이 한국사회의 관행이 잘 맞지 않아 능력만큼 출세를 못한다는 이야기는 많다. 그러나 그러한 사례들이 누적되면서 한국사회도 합리성 존중으로 나아가고 있는 것 또한 사실이다. 다른 선진사회의 전생 경험이 있는 자들이 한국에 태어나 한국사회에 부족한 가치관을 더해주고 있는 것이다.

* 여러 민족의 입장을 겪으며 영혼의 완성 추구

　인간은 세상에 그저 살아가기만 해서는 안 되는 존재이다. 끊임없이 변화해가며 향상을 추구해야만 한다. 그렇게 해야 현상유지라도 할 수 있다.

그 향상을 위해 가장 올바른 방법은 스스로 道를 구하는 것이다. 그러나 인간사회 전반에 그러한 노력이 부족하여 인간의 절대적 성장이 벽에 부딪히게 되면 神은 부득이 전쟁이라는 상대적 성장의 방법을 택하여 새로이 나아갈 바를 인도한다.

전쟁을 막는 최선의 방법은 우리와 이웃 모든 인류공동체가 함께 참다운 道를 구하는 것이다.

애국심은 자기가 태어난 환경의 의미를 찾아주는 행위이다. 이것은 인간영혼성장 환경의 다양성을 유지하고자 하는 보수적인 가치이다.

진보는 지구상 인류사회의 생성원리에서 더 나아가 절대다수의 최대행복을 추구하는 이념이 되어야 한다. 그러므로 애국심에 말미암은 행위들이 국가 간에 증오를 일으키는 원인이 되지 않게 노력해야 할 것이다.

민족 및 국가 간의 원한은 세대가 지나가면 무의미한 것이다. 특히 특정 민족을 증오하면 그 민족의 입장도 되어보라고 그 민족으로 태어날 수 있다.

전생에 증오하던 민족으로 이번 생에 다시 태어난 영혼은, 사실은 전생에 자기는 피해자였는데 가해자 민족의 후손이 되어 자꾸만 과거사의 사과요구를 받는다. 이것이 억울해 보일 수도 있지만 실은 전생에 증오하며 그 입장을 전혀 이해하지 못했던 가해민족의 입장이 되어보아야 영혼이 완전을 향해 성장하는 과정에 충실할 수 있다.

* 혈족계승에 가치를 두는 것은 허무한 욕망

인간은 민족 등 혈연관계를 매우 중요시했다. 피를 나눈 자와 그렇지 않은 자들과는 디지털한 구분이 있을 것으로 알아왔다.

그러나 혈연관계는 세상의 여러 인연 중 하나일 뿐 여타의 인연에 비해 절대적인 것이 아니다.

한 사람의 자기 혈족과의 관계 그리고 밖의 사람들과의 관계는 비슷하거나 서로 연관된 것이 많다. 결국 가족관계이든 밖의 관계이든 그 자신의 업보로 말미암은 설정이다.

세습왕조가 실시되고 문벌을 중시하는 등 혈족을 중요시했던 과거 동서양의 역사에서도 비 혈족에게 기업(基業)을 넘겨주는 것을 칭송했다. 사람 관계에서 동물적 본능에 매이지 않고 큰 진리를 따름을 존중함이다.

어느 노인의 말에 의하면, 친구 내외가 한 여자아이를 '주워' 길렀다. 그런데 그 아이에게는 알리지 않고 시집까지 보냈다. 이제는 그 친구 내외도 죽고 비밀을 아는 사람은 남은 몇 친구들뿐이다. 그들이 모두 비밀을 무덤 속으로 가져가면 그 딸은 영원한 친딸로 남을 것이다. 그런데 그 딸도 자라면서 점차 양부모를 닮아갔다.

부부는 닮는다는 말이 있다. 생활을 함께하니까 닮는다고도 하지만 새로 만난 젊은 부부도 닮는 경우는 얼마든지 있다. 부부는 혈족 못지않거나 그 이상으로 인연이 깊은 관계이다. 당연히 영적지도(靈的地圖) 상의 동류 혹은 근접 영혼으로서의 本에 따라 생성된 구체(具體)이므로 유사한 용모를 가질 수 있다. 물론 닮지 않은 부부도 많다. 둘의 동질성보다는 상호보완성이 우선되는 경우이다. 혈족 사이에도 유전적 연결에 의한 최소한의 유사성 외에는 그다지 닮지 않은 경우도 많다.

유전적 연결에 미련 두는 것이 헛된 것임은 이미 실증된다. 공자 이후 이천 여년이 지났지만 후손 중에 공자와 같은 인물이 나오지 않았다. 모차르트 이후 이백 여년이 지났지만 후손 중에 모차르트와 같은 인물이 나오지는 않았다. 폭넓게 보면 이집트는 고대의 문명국이지만 현재의 이집트는 그렇지 않다.

지난번 이집트의 민주화 시위와 진압 과정에서 박물관에 소장되고 있던 값을 헤아릴 수 없는 문화재들이 폭도에 의해 파괴되거나 유실되었다. 그저 충격을 가하면 깨지는 보통유리로 진열장을 만들었던 것이었다. 그러나 비슷한 시기에 선진국에서 보석상을 털려는 도둑이 기관총으로 진열장을 파괴하고 절도하려 했으나 안 된 일이 있었다. '겨우' 보석상품을 위해서도 그런 방비를 할 수 있는 선진국에 비하여 이집트의 현실은 한심한 것이었다. 이렇게 되면 선진국이 약탈해간 문화재를 돌려달라는 요구도 정당성이 부족하게 된다. 인류의 문화재는 인류 모두의 것이다. 그것이 만들어진 지역의 사람들이라고 해서 그것을 가장 잘 보존할 수 있는 사람들보다 소유권이 우선될 수는 없다.

전생퇴행의 사례에서 전생경험이 풍부한 영의 전생은 이집트에서의 삶이 자주 나타난다. 즉 문명국으로서의 고대 이집트는 지구상에서 영의 집중수련을 하는 중요한 장소였다. 이집트의 문화재를 만든 장인들의 환생은 지금 오히려 선진국에 더 있을 수 있다.

그리스 또한 고대문명의 중심지이면서 세계문명의 원류라고 해도 과언이 아니다. 지금 동양의 문명이 재조명되고 동북아가 세계의 중심으로 자리 잡고자 하지만 아직 세계문명의 주류는 서양문명이며 그 근간은 그리스의 라틴문명이다.

그러나 이처럼 '위대한' 그리스의 후예가 국가파산으로 여러 다른 나라에 손을 벌릴 지경이 되었는데 국민들은 힘들게 사는 것이 싫다고 거리 시위를 하는 형편으로 전락했다. 지금의 그리스인 중에 고대 문명국 그리스인의 영혼을 지닌 자는 다른 나라에 비하여 그다지 많지 않다.

혈족승계는 가까운 대에서도 절대적인 것이 아닌데 하물며 수백 수천 년의 세월이 지난 후 그 의미를 따진다는 것은 무의미하다.

같은 지역의 역사를 이어받았다고 해도 정복과 이주 등으로 혈족승계의 의미는 많이 사라진다. 민족주의 등에 애착을 갖는 입장에서는 세계 곳곳에서 민족의 순혈성이 훼손되는 것에 아쉬움을 가질 수도 있지만 그 자체가 집착할 만한 본질적 가치가 아닌 것이다. 세상의 재물이 일시적인 가치에 불과하고 끝내 집착할 것이 아닌 것과도 같다. 어차피 남녀의 유전자(그것도 근친은 곤란한)가 합쳐 섞임을 반복하여 이어 내려오는 것에 집착한다는 것은 원천적으로 부질없다. 중요한 것은 시대를 넘어 윤회를 거듭하는 불멸의 영혼이다.

역사를 볼 때는 특정 민족 자체보다는 그 지역이 인류역사의 흐름에서 맡은 역할이 어떻게 변화되어왔는가 그리고 그 지역의 문화가 인간의 영혼성장에 어떤 효과를 주었기 때문에 그것이 확산되거나 혹은 소멸 되었는지에 집중해야 한다.

정복과정에서의 강간이나 살육으로 특정민족의 수효가 늘어나고 줄어드는 것에도 의미는 있다. 인간의 목적을 이루는 활동에 있어 어떠한 육체가 더 유리한가 하는 神의 결정에 의하여 특정 족속의 수효가 늘거나 줄게 된다. 강한 족속에 의한 정복은 강한 유전자와 우월한 문화를 확산시킨다. 이 과정에서 생기는 가해자의 죄업과 피해자의 원한은 각자의 업보에 의해서 되갚아진다. 다만 이미 수십 년 내지 수백 년이 지난 지금에 이르러 과거와 같은 민족집단 간의 원한 및 보복 심리를 가지는 것은 옳지 않다. 그러한 생각을 하는 사람은 물론 그 자신의 전생의 피해의식이나 여한에 따른 것이겠지만 지속적인 것과 그렇지 않은 것을 구별해야 한다. 영혼은 지속적이지만 민족은 그렇지 않다. 중요한 것은 민족의 문화이지 혈연계승집단으로서의 민족은 이합집산을 거듭하는 거품과 같은 것이다.

미국 땅에서의 영혼수련의 과정이 남아있는 영혼이라면 같은 미국 땅에서 다시 백인으로도 흑인으로도 인디언으로도 태어날 수 있다. 인디언으로 태어났던 영혼이 인디언에 대한 보상정책의 혜택을 입어 과거의 피해를 보상받고자 인디언으로 다시 태어날 수도 있지만, 인디언 사회에서의 풍습과 관행 하에서는 자기영혼의 고유한 재능이 충분히 발휘되지 못한 한을 풀기 위해 백인 주류사회로 다시 태어날 수 있다. 이 경우 과거 백인의 인디언 침략 역사에서 백인과 인디언 개개인간에 얽혔던 인연들이 그가 백인사회에 다시 태어나게 하는 징검다리 역할을 한다.

노아고든(Noah Gordon)의 '위대한 영혼의 주술사(Shaman)'에서는 19세기 스코틀랜드에서 정치적 박해를 피해 미국으로 이민 온 의사가 인디언들과 유대를 갖고 박해받는 자들로서의 동병상련의 마음을 가진다. 의사는 인디언 여자 주술사와 친하게 되어 함께 의료활동을 한다. 여자 주술사는 아이를 갖지 못하게 되어있는데 의사는 백인 아내를 얻어 아들을 낳았다. 아들은 여자 주술사와 친하게 지내며 영적으로 가까움을 보인다. 이후 여자 주술사는 강간당해 죽고 의사는 남북전쟁에 종군 후 병을 얻어 죽는데 아들은 아버지가 해오던 살해범 추적과 여자 주술사의 한을 풀기에 최선을 다한다.

'인디언의 혼을 갖고 태어난 백인'이라는, 번역본의 표제어도 있지만, 그 아이가 실상 여자 주술사와 가까운 인연을 가졌던 인디언의 환생이라는 암시는 매우 강하게 나타난다.

* 이주민에 의한 인연의 다양화

전생퇴행사례들을 보면 전생에 다른 나라에서 인연이 있었던 사람들이 지금도 인연이 이어지고 있는 경우가 많다. 모두가 전생의 나라에서 이곳으로 '이주'해온 것이다.

이렇게 영혼이 전생과 다른 지역에서 태어났다 해도 전생에 연을 맺었던 많은 영혼들과 동반하여 이주한다. 이런 경우 먼저 살던 곳의 일정한 수의 영혼집단이 아무런 중간 과정 없이 통째로 집단이주를 해서 다시 태어난다는 상황은 쉽사리 상상되지 않는다.

과거의 이주민이나 정복자들은 단지 혈통을 옮겨온 것뿐만 아니라 인연의 연결에서 더욱 큰 역할을 했다.

우리의 역사에서 네덜란드인 박연과 하멜이 비록 현생에서의 자의에 의한 것은 아니었으나 이 땅에 이주하여 인연을 맺은 것은 의미가 크다. 그들이 남긴 서양인 유전자는 미미하고 하멜은 이 땅에 정착하지도 않았으나 적지 않은 기간 동안 이 땅의 사람들과 연을 맺어놓은 결과는 이후 수많은 한반도와 유럽 간의 영혼교류를 촉진했다. 물론 이후의 영국인 등 여러 유럽인과 미국인들도 마찬가지다. 그들이 이 땅에 낳은 후손은 전생에 그들과 유럽지역에서 연을 맺은 영혼일 가능성이 크므로 유럽에서의 전생을 가진 영혼들이 한국에서 태어나게 되었다. 그들의 서양인 유전자는 대를 거듭할수록 희석되었지만, 본국에서 연을 맺었던 영혼들은 연쇄적으로 한국에 계속 태어나게 마련이므로 몇 대를 지나도, 모습은 한국인으로 돌아왔지만 유럽에 전생을 가진 영혼은 한국에 계속 태어나게 되었다.

설사 이 땅을 방문한 외국인이 이곳에 자기의 혈육적인 자손을 낳지 않았다고 해도 그가 이 땅에서 깊은 인연이 될 만한 사람을 사귀고 갔다면 그 외국인은 후에 이 땅에서 인연을 맺은 사람과 인연을 이어가기 위해 이곳 사람의 후손으로 다시 태어날 수 있었다.

이처럼 해서, 한국인으로 태어났다 해도 많은 한국인들이 음악 등에서 서양문화를 더 선호하는 경향이 있는 것은 후천적인 서양문화 위주 교육 탓만으로 돌릴 일은 아니다. 서양문화에 더 우수한 면이 있다면 선호하는 것은 당연하며 민족감정 등으로 부담을 가질 이유는 없다. 우리의 문화도 당연히 보존에 힘써야 하지만 그것은 이 땅에 태어난 자로서 인간영혼성장의 여러 방법 중의 하나를 보존 계승해야 하는 의무에 따른 것이지 '우리의 것'에 대한 소유의식에 따른다 하기에는 영적 관점에서 보아서는 타당성이 부족하다.

* 현대에 인류생존의 경쟁력이 있는 곳은 후진국

 서양문화와 인종이 세계각지로 퍼졌지만 오늘날 지구상에서 영혼단련을 하고 있는 개체의 수에서 서양인은 다수를 차지하지 못한다. 지구상의 행복한 생활에 목적을 두고 본다면 유복한 생활의 기회가 풍부한 유럽의 인구가 대폭 늘어야 정상인데 현재 유럽의 인구는 러시아를 합한다 해도 중국은 물론 인도 혹은 아프리카 각각의 인구만도 못하다. 이것은 과거 개척정신이 주류를 이루었던 유럽과 달리 지금의 복지사회의 유럽은 영혼의 단련에 그다지 크게 추천할만한 곳이 되지 못하는 이유에서이다. 지구라는 곳의 삶을 보다 치열하게 겪고 인생의 경험을 쌓으려면 인도 아프리카 등의 후진국에서 더 제대로 겪을 수 있고 유럽은 과거 생에서 경험한 고생의 상처를 씻으며 휴식적인 삶을 취할 장소로나 선택되는 것이다. 지구인구의 증가로 새로이 지구에 태어나는 많은 영혼을 위한 수련의 장은 후진국의 사회에서 더 제대로 제공해주고 있다.

 중국의 인구증가는 진리의 매개체로서의 인류문명의 중요성의 측면에서 보아야 한다. 라틴어와 영어로 형성된 문화가 지구상의 주류가 되어 있지만, 한문에 의한 진리표현은 지상에서의 인류영혼수련에 있어서 결코 위축될 수 없는 중요한 수단이다. 그리하여 한자문화권에서 수련과정을 거치는 영혼의 수는 결코 줄어들 수 없기에 비록 한문이 세계에 널리 퍼지지는 않았지만 자체 내 인구의 수로 대신 그 효과를 보고 있다.

* 히틀러의 유대인학살을 계기로 밀접해진 독일과 이스라엘의 영혼교류

영혼은 지구상의 여러 곳에 번갈아 출생한다. 그러니 평생 외국여행을 충분히 해보지 못했다고 너무 안타까워하지는 말아야 할 것이다. 전생에도 세계의 여러 곳을 다녀봤고 후생에도 다녀올 것이다.

전생에 유대인을 증오하여 학살에 앞장섰던 나치군 병사가 유대인으로 환생했다. 전생의 그는 유대인의 문화를 혐오하고 이해하기를 거부해왔으니 그 입장을 새로이 이해하고자 환생에서 유대인을 택한 것이었다. 실제의 사례가 타당성을 가지고 있으니 살펴보지 않은 많은 유대인들의 전생이 나치 병사 등이었을 것임은 추측할 수 있다. 이런 유대인이 독일에 계속 사과를 요구하는 것은 무리가 있다. 다만 유대인으로서의 업이 정리되지 않아서 다시 유대인으로 태어난 이들도 있기 때문에 그들에 의해서 독일에 대한 과거사 반성촉구는 계속된다고 하겠다.

히틀러의 유대인학살은 지구상의 모든 이가 증오하는 죄악으로 인정되고 있다. 그런데 영적 관점으로는 그들의 의도는, 이제까지 하늘의 계시를 가장 집중해 받는 유대민족이 유전자의 면에서는 타민족보다 그다지 특별하지 않으니, 앞으로 유전자적으로 가장 우수한 게르만 민족이 영육양면으로 우수한 조건을 갖추어 인류를 효과적으로 이끌어 가기 위해서는, 유대인을 절멸시켜 그들로 태어날 고수준영혼 상당수를 게르만 민족으로 태어나게 하려는 시도였다. 지상의 관점에서는 실패한 것으로 보이지만 박해와 학살과정에서 독일인을 증오했던 많은 유대인이 독일민족의 입장을 경험해보고자 독일인으로 환생할 것이며 당시의 상황으로는 물론이고 현재에도 이어지고 있는 과거사교육으로도 인해 유대인으로 태어난 많은 영혼들이 독일에 특별한 관심을 갖게 되어 후세에 독일인으로 환생하여 '우수한 유전자'에 고수준영혼이 결합한 인격으로 인류에 기여할 수 있을 것이다.

* 중국의 많은 인구는 인생의 다양성 시험의 목적이어야

지구에 다양한 인종이 있는 것은 다양한 유전자로 다양한 역할을 해보게 하기 위함이다. 기실 유전자의 차이로 인종이나 민족의 우열을 논하는 것은 부질없다. 국가나 각 지방의 세력변화는 고수준 영혼이 그곳에 찾아오는 시기에 따른다.

르네상스 이후 유럽에는 많은 예술가와 사상가들의 영혼이 찾아와 인류의 미래 나아갈 길을 밝혔다. 그러나 같은 시대 중국에는 유럽 이상의 문화적 토양이 있었음에도 불구하고 그러지 못했다. 황제 유일사상으로 사상의 다양성을 억압하고, 지방세력이 성장하는 것을 막기 위하여 큰 배를 못 만들게 하며 해외개척을 막는 등, 체제유지에만 급급했기에 자업자득이었다.

중국은 그 많은 인력자원에도 아직도 축구 수준이 한국만 못하다. 중국의 축구팬입장에서는 참으로 답답한 노릇이다. 중국인도 한국인 못지않게 축구를 좋아하고 지원할 경제력도 충분하다. 선천적 체력도 차이가 없다. 인구비례로 보자면 박지성과 같은 선수가 중국에도 이삼십 명은 나와야 하는데 그에 가까이 가는 수준의 선수도 없다.

그러나 영적 관점에서는 충분히 설명된다. 한국은 1970년대부터 체력은 국력이라는 슬로건을 내걸고 운동선수를 양성했으며 재능 있는 운동선수가 대우받고 능력을 발휘할 분위기를 조성해왔다. 한국은 일찍부터 스포츠스타가 자라나기에 중국보다 좋은 환경이었다. 그 결과 박지성이라는 축구에 능력 있는 영혼이, 동양에 태어날 김에 넓은 중국보다도 좁은 한국을 일부러 선택해서 태어난 것이다. 국가사회에서의 인재의 탄생과 성장은 결코 무작위 상태에서의 확률적 결과가 아니다.

중국은 많은 인구를 가진 것을 그만큼 인간영혼성장을 위한 다양한 방법을 실험하고 성취하기 위한 기회로 여겨야 한다. 그렇지 않고 많은 인구의 단합을 통한 집단적인 힘(자국에 비판적인 인사나 기업에 관련한 불매운동 등)을 발휘하는 수단으로 사용한다면 유럽과 미국의 인류사적 성취를 넘어서기는 어려울 것이다.

중국 전체를 동일한 국가주의로 결속하려고만 한다면 국가 전체를 위한 창조적인 인물의 수요는 여타의 작은 국가와 별 차이가 없게 된다. 중국 스스로는 그래도 괜찮을지 몰라도 인류사회에 있어서는 크나큰 손실이다. 중국은 각 省(성)의 개성을 살리고 자율권을 늘려 다양한 문화를 수용할 환경을 조성하여 창조적 영혼이 인구에 비례하여 적지 않게 찾아오도록 해야 한다.

우리의 과제와 미래

威靈遠振 女眞來庭 爭長之言 不自抗衡
이성계의 이름이 멀리 떨치니 여진족이 스스로 찾아와 명령을 따랐다.

〈용비어천가 75장〉

한반도 갈등 해소의 길

* 한반도의 계층갈등과 세대갈등

지금에 와서는 공공연히 우리 민족을 강조하는 분위기는 예전보다 덜하지만, 아직도 한국은 단일민족국가라는 사상을 유지하고자 하는 분위기는 남아 있다.

그러나 민족 특히 혈연을 중심으로 한 민족공동체는 애매한 것이다. 근친혼을 부당하게 보는 현실에서 자기모순이며 오랜 세월을 거쳐 이민족의 혼혈이 생기지 않은 민족은 없다. 어느 국가이건 지배계층과 피지배계층이 있다. 피 침략국가의 지배계층은 자국의 피지배계층을 같은 편으로 묶어두기 위하여 단일민족주의를 강조하게 된다.

한국의 단일민족 이데올로기는 제국주의 피해자 시절 국민을 단합하기 위한 수단이었다. 그러나 한국도 서로 이질적인 지배계층과 피지배계층이 있었다는 사실은 엄격한 신분제도가 있었던 걸로 보아 명백하다.

한반도 내의 집단적인 갈등은 과거 생의 여한에 따른 것으로서 이를 이해함으로써 공존의 길을 찾아야 한다. 한반도의 지역갈등은 실질적인 민족(우리 '한민족'이 아닌 고대와 중세의 한반도와 대륙의 여러 민족을 말한다.) 갈등이다. 근래 우리 사회의 고질적 문제점인 이념 갈등은 민족갈등이나 문화갈등이 다른 형태로 표출된 것이다.

상하계층의 갈등은 시류에 따라 각 집단의 유리한 입장 혹은 불리한 입장이 변화되어 나타나는 것이다. 양지가 음지 되고 음지가 양지 된다는 말이 있듯이 개인 혹은 집단 간의 관계는 유리한 입장과 불리한 입장이 서로 맞바꾸어 나타난다. 중국에서 송-원-명-청으로 권력이 교체되면서 한때는 중원민족 한때는 북방민족이 권력을 차지했으며 권력을 차지한 민족은 상류 귀족계급을 형성했다. 우리의 역사에서도 지배층은 변화했으며, 양반 혹은 상민의 후손이라는 것은 단순히 과거 권력층 후손의 여부라는 것이지 그것이 자랑이나 수치는 될 수 없다.

근래에는 세대갈등이 대두하고 있다. 구세대와 신세대의 사회관이 다른 것을, 구세대는 교육의 탓으로 돌리며 신세대도 나이를 먹으면 자신들과 비슷해질 것으로 기대하기도 한다.

그러나 이것은 물질적인 유전에 의한 승계만을 생각하여, 신세대의 정신이 구세대와 동일한 원천(源泉)인 것으로 가정하는 한도 내의 추측일 뿐이다. 시대정신의 원천은 유전자가 아니라 태어나는 세대에 깃드는 영혼의 본성이다. 신세대의 영혼은 항상 구세대의 영혼과 같거나 유사한 집단에서 찾아온다는 보장이 없다.

사회 주류가치관이 변화해가면 그 사회를 필요로 하는 영혼집단도 바뀌어 간다. 그러한 사회분위기가 자기의 영혼성장에 유용하다고 여기는 영혼들이 한국사회를 택하게 되어가기 때문이다. 그리하여 이윽고 한반도인을 구성하는 각 영혼집단[1]들의 구성 비율이 변화할 수 있다.

한반도라는 세계의 요충지를 앞으로 어떤 성격의 영혼집단이 주로 찾아올 수 있게 만들 것인가를 두고, 지상에서는 물론이고 영혼계에서도 치열한 암투가 있을 것이다.

* 한반도의 갈등은 구시대 숙원의 누적

한반도 좌우파의 대립은 해방 후의 정치세력 대립, 6·25전쟁 그리고 근래의 한국 내 이념대립으로까지 끈질기게 이어져 오고 있다.

---

1) 비슷한 개성을 가진 영혼들은 같은 영혼집단에 속한다고 본다.

이것을 단지 서구 공산 사상에 대한 찬반으로 일차원 선분상에서 분류함은 한계가 있고 갈등치유에도 무효하다. 문화사를 중심으로 한반도에 누적된 갈등을 분석하고 그 해결방안을 살펴보아야 한다.

하멜표류기에 나타난 한국인의 생활환경과 사고방식을 보면 조선의 조정은 하멜 이전의 박연(벨테브레이) 일행 등 외국인 표류자를 강제 귀화시켰다. 조선 관리는 하멜에게 박연을 당당히 한국사람이라고 소개한다. 물론 강제억류는 정당화하기 어려우나 우리 사회가 적어도 외국인을 배척하여 순수혈통의 국가를 지키기 위한 의식은 없었음을 알 수 있다. 하멜의 서술에 의하면 조선 귀족의 삶은 매우 부유하나 백성은 매우 빈곤하였다고 했다. 하멜은 중국을 거쳐서 왔는데 중국보다 우리 쪽의 귀족과 평민의 신분차이가 심했음을 알 수 있다.

우리의 관습과 문화가 중국과 관련이 깊다고는 하지만 엄격한 신분차별은 중국에는 있지 않았다. 중국에는 신분제도가 안정적이지 않았으며 벼슬은 출생신분보다는 자기능력에 의해 선발되었다. 우리의 신분제도는 중국보다는 인도에 가까운 형태였다.

인도의 카스트제도는 고대 아리안족이 인도에 침입하여 토인을 지배하여 비롯된 것으로서 각 계급은 곧 인종을 나타낸다. 근세 미국과 근래 남아공 등의 백인과 흑인집단은 그들 외모의 확연한 차이로 인하여 신분계급은 곧 인종이었음이 당연하게 받아들여진다.

친일청산이 제도권에서도 강조되었던 진보(혹은 좌파)정권 시절에 조기숙 청와대 전 홍보수석은 동학혁명의 마지막 격전지였던 공주 우금티에서 동학 유족들을 만나 자신의 증조부인 고부(古阜) 군수 조병갑의 행적을 사과하였다. "몇 달간 아침마다 108배를 하며 동학혁명 과정에서 희생된 조상들의 영혼을 위로해 왔다"며 "한이 풀릴 때까지 계속할 것"이라고 밝혔다. 또한, 유족들이 박수로 사과를 받아들이자 "진심으로 감사드린다"며 흐느끼며 눈물을 흘리고 사죄의 의미로 유족들에게 큰절을 올리기도 했다. 이에 대해 동학혁명유족회는 "사과의 뜻을 밝힌 데 대해 고맙게 받아들인다"며 "화해와 용서를 통해 새 출발 하는 계기가 되길 바란다"고 화답했다.[2]

신분제와 연좌제가 인정되지 않는 현대사회에서 '죄 없는' 후손이 과연 이렇게까지 해야 할까에 대해 의문이 생길 수 있다. 하지만 조병갑의 '민족탄압'으로 얻은 집안융성의 덕을 받아 그녀 자신이 출세하는데 보탬이 되었을 수 있으니 현실적으로도 사과의 여지는 있다. 그리고 영적 관점으로는 집안의 인연이 연결되어 있으며 그녀 자신이 조병갑의 환생으로서 전생의 죄를 사과하였다는 비약적 추측까지도 가능하다. 세상의 일이 외피적으로 인정하는 물질적인 것만이 전부가 아님을 고려할 때 충분히 의미가

---

[2] 인터넷신문 오마이뉴스 보도 중 발췌

있다.

 이러한 일이 비단 생생한 기록으로 남은 근세의 일 뿐일 수는 없다. 전생의 업보를 풀려고 환생하는 시기는 일정하지 않다. 영혼계에서 보기에 지상의 시간은 아무 상관이 없기 때문이다.

 마이클 뉴턴 박사의 영혼연구 사례에는, 기원전 이천 년 시대에 홍해지방에 족장으로서 살았던 남자가 있었다. 흉년이 들어 백성이 굶주렸다. 이때 그의 어머니가 곡식 창고를 무단으로 개방하여 굶주린 자들에게 나눠주었다. 족장인 그는 권위를 지킨다는 명분으로 어머니를 법률에 따라 사형에 처한다. 이 남자는 현대에 미국에서 다시 그 어머니와 모자 관계로 태어났다. 그런데 어머니는 그를 낳자마자 양육을 포기하고 입양 보낸다.
 비록 어머니는 피치 못할 사정에 슬픈 마음으로 아이를 포기하는 형식을 취했지만 훗날 자신을 해할 수 있는 아들을 멀리하고자 함이다. 마치 전생의 사망 당시의 기억이 고소공포증, 폐소공포증, 피해망상 등의 정신적 질환을 유도하듯이 어머니의 잠재심리에는 아들에 대한 피해망상이 있었다. 아들은 생모를 살해한 자로서 이제는 생모와 함께 살지 못하는 업보를 받았다.

 이와 같은 일이 한반도에도 무수할 것이다. 물론 이 이야기처럼 지역을 바꿔 과거의 업보를 새로 맞이하는 경우도 있지만, 한반도의 지형적 특수성에 말미암아 생긴 여러 관계와 원한들은 다시 한반도에서 풀고자 돌아오는 경우도 많을 것이다.

* 상대방 민족의 입장을 이해해야 증오 풀 수 있어

한반도에 인간이 살게 된 후 수천 년 동안 이 땅에 맺힌 무수한 원한들에 대한 해원(解冤)이 근세의 몇몇 사건에 대한 부분적 처방만으로 해결될 수는 없다. 총체적인 해원이 한반도에 거주하는 '민족들'의 미래를 밝히는 길이다.

근세에 들어와 미국의 노예해방, 아프리카 아시아 각국의 독립, 가깝게는 남아공의 인종차별철폐에 이르기까지, 같은 인간이되 다른 종족끼리의 차별은 이제 소멸단계에 와 있다. 그리고 이들 중 과거 지배민족은 피지배민족에게 지난 행위를 사죄하고 가능한 것은 보상하며 적어도 과거 피지배민족의 용서를 구하는 과정을 거쳐 화합의 길로 나아가고 있다.

그런데 한국에서는 근세의 사건들만 집요하게 논의되고 있을 뿐 전체적이고 근본적인 것에 관해서는 도외시되고 있다. 한국전쟁, 일제지배 그리고 동학혁명 이전의 갈등도 고려대상이 되어야 한다. 업보의 반응은 현세에서의 시간의 경과와 관계없다는 영적 관점에서 보아야 한다. 업보는 시효가 없다. 시간이 지났다고 잊어버리거나 약해지는 것이 아니다.

한반도 또한 각 민족 간 외모의 차이가 미국이나 남아공의 경우와 달리 크지 않아 구분이 덜 되었을 뿐이었지 지배민족과 피지배 민족의 갈등은 계속되어 왔다.

하지만 외모에서 분명히 차이가 나는 경우와 그렇지 않은 것은 효과의 차이가 크다. 미국에서 사회에 불만 있는 흑인이 차라리 미국이 망하고 아프리카의 나이지리아 등에서 국가를 접수하면 좋겠다고 말한다면 미국사회는 동의하지 않겠지만, 그렇게 말하는 입장을 이해하고 적어도 그 사람을 악하다고 증오하지는 않을 것이다. 실제로 미국 인디언은 독립 국가를 표방하는 집단을 가지고 있다.

반면에 한국에서는, 정치체제보다는 민족통일을 우선하는 세력 즉 친북세력에 대해 상당수가 반역자나 악인을 보는 눈길로 대하고 있다. 또 한편에서는, 과거의 친일파에게 세월이 지나도 증오의 눈길을 멈추지 않고 있다.

서로의 생각이 달라진 사정을 이해하지 않으니 자기와 생각이 다른 쪽을 악하게만 보는 것이다. 미국은 외모로부터 자신들의 뿌리에 대한 자각이 생기기도 하지만 우리는 외모로 자각하기는 드물고 잠재 심리적인 전생기억 등이 사상에 영향을 미친다.

이와 같은 각양각색의 사상생성 배경에도 불구하고, 단일민족주의 때문에, 각각의 집단은 자기네들의 생각이 한반도 내 일부 특정한 집단의 민족의식에 불과하다는 것을 고려하지 않고, 자기네들의 생각이 한반도인의 통일된 생각이 되어야 하는 것으로만 여기고 있다.

결국 서로들 자신들만의 생각이 정의롭다는 독선에 빠지기 때문에 상대방에 대한 이해와 타협은 어려워지는 것이다.

* 국가 내의 다양한 문화 수용이 갈등 해소의 길

현재 우리 국민 중에 조상이 양반이 아닌 사람은 드물다. 그중에는 족보의 시조가 고려 시대쯤에 중국에서 온 경우도 많다. 중근대 역사시대도 그러한데 이전에는 더 많은 사람들의 이주가 있었음은 명백하다.

원시시절에는 대륙이 경쟁이 치열했기 때문에 강한 종족이 살아남고 섬이나 반도 등 외진 곳에는 경쟁이 없이 자라온 약한 종족이 살았다. 후에 대륙의 지배계층에서 밀려난 세력이 새로운 곳에서 지배자의 자리를 유지하기 위해 외진 곳을 점령하곤 한 것이 인류의 보편적 역사이다.

와신상담의 고사로 유명한 춘추시대 오왕과 월왕은 저들의 나라가 있고서도 중원을 회복하기 위해 계속 노력을 했다. 그들은 본래 중원의 지배계층이었으나 밀려나서 동남쪽의 비교적 미개한 지역으로 옮겨와 지배자의 위치를 차지하고 있었다. 근세 일본의 대륙침략도 일본의 지배계층의 뿌리가 대륙임을 고려하면 마찬가지이다. 원나라 때 한반도로 망명한 송의 사대부계층은 현실적으로 직접 원을 치는 것은 역부족이었지만 고려말 친명 정권인 조선의 건국을 도왔다. 조선 후기에 명이 망한 뒤에도 내부적으로는 명의 연호를 유지하다가 청이 쇠약하자, 대당제국, 대명제국 등과 같은 의미의 대한제국을 건국하며 중원에 대한 미련을 놓지 않았다.

한국의 민족주의자들은 반도에서 건너간 '늠름한' 침입자들이 섬에 가서 왜소한 일본원주민을 정복하고 지배했다는 말은 즐기지만, 그보다 먼저 한국의 토착민을 대륙출신이 와서 지배했던 일에 대해서는 말하지 않는다. 삼국시대 고대국가의 체계가 성립되면서 한자를 쓰고 중국식의 왕명이 도입되었으며 근세까지 지배계급인 양반들은 한문을 공식으로 쓴 것은 이에 따른다.

이것은 토착민의 입장에서 보면 침략이며 탄압이다. 세계 곳곳의 문명은 각기 개성이 있으며 존중될 권리가 있다. 그러나 먼저 발달하여 힘을 더 가진 쪽에서 아직 힘을 덜 가진 쪽을 침략하여 기존의 문명을 파괴 및 소멸시킨 사례는 많아 왔다. 근세 서양문명의 세계지배 이전에 이미 고대 동양 대륙문명은 한반도의 고유문명을 유린하였다. 정복자들은 토착민들로 하여금 제대로 된 자신들의 글을 만들 기회도 천오백 년간 빼앗아왔다.

환웅이 처음 삼천의 군사를 거느리고 한반도를 지배하러 왔을 때 정복자들은 토착민들을 저들의 취향에 맞추려고, 마늘이 뭔지도 모르며 원시 채집생활만 하던 미개민족들에게, 마늘이 건강에 좋다며 억지로 권하면서, 웅족(熊族)과 호족(虎族)의 여왕에게 마늘을 잘 먹으면 받아들이겠다고 충성경쟁을 시켰다. 토굴에서 마늘 먹기를 시험받으며 고생 끝에 합격한 웅족 여왕은 환웅에게 몸을 바쳐 자기종족을 구했지만 탈락한 호족 여왕과 그 백성은 노예신분으로 격하되거나 몰살되었다. 이러한 오래 전의 역사도 근세의 일제지배나 동학혁명과 다를 바 없이 오늘날 업보 현상으로 나타난다.

우리는 복합적인 문화 속에 놓인 형편을 비관해서는 안 된다. 오히려 다양한 혼합으로 인한 시너지를 창출하는 기회가 되는 것이다. 대륙에서 건너온 민족이 원주민을 정복하여 세워진 국가인 영국과 미국은 유럽대륙보다 더한 번영을 누려왔으며 지금도 이어지고 있다.

대한민국은 갈등 해소를 위해서 기존의 다민족 사회를 솔직히 인정해야 한다. 물론 근래 다문화 사회로의 이양을 강조하는 쪽도 있으나 이들은 오히려 국내의 기존의 '다문화'에 대해서는 부정하고 대한민국이 단일민족국가라는 전제하에 동남아, 이슬람권 등 비 한자문화권의 문화수용에 적극성을 보이는 쪽이므로 해당되지 않는다.

민주화 이후에도 이어지고 있는 사회갈등의 원인은 정부의 실정 탓도 아니고 이념의 문제도 아니다. 수천 년간 쌓여온 한반도

내의 민족갈등이다. 한 세기 전까지 세계의 어느 지방 이상으로 노골적인 신분제도를 지켜왔던 나라가 그 사실은 다들 인정하면서 단일민족이니 한 핏줄이니 운운하는 것은 모순이다. 문화정책의 다양화는 민주주의 사회의 안정을 위해 필수적이다.

한반도의 여러 '민족'은 각기 고유의 수천 년 전통을 지키며 저들 나름대로의 삶을 살 권리가 있다. 그런데 어느 한 쪽이 집권하여 그들만의 가치관을 전 국민에게 강요하면 결코 물질로 회복할 수 없는 불행이 온다. 전제군주사회가 아닌 민주사회에서는 통치계층의 문화적 가치관을 모두에게 강요하면 안 되는 것이다.

* 끝나지 않은 근세조선의 역사

한국인이 광우병에 더욱 취약하다며 미국 쇠고기 수입을 반대했던 소위 한국인 광우병 취약 괴담이 있었다. 이에 대해 어느 쪽에서는 한국인에 대한 모독이며 정신이상자들의 주장이라고 폄하기도 했다.

그러나 이 또한 영적 관점에서 보면 그럴 만한 이유가 있다. 오지의 원주민은 오랫동안 평화적으로만 살아왔기에 전쟁을 모르고 각종 질병에도 취약했다. 이러한 원주민을 침략자들이 질병을 퍼뜨리는 방법으로 몰살한 일은 인류 역사상 적지 않았다.

우리 사회의 모든 불합리한 갈등요소는 과거의 역사를 반추함으로써 설명될 수 있다. 개인에 있어서도 불합리한 심리증상이 전생 등 과거의 기억을 상기함으로써 치유될 수 있는 것처럼 집단의 경우에도 마찬가지로 적용된다.

근세조선의 건국에 여진족은 많은 기여를 하였다. 이성계가 여진족이라는 설도 있으나 전주지방에서 함경도지역으로 망명을 가서 그곳의 여진족을 다스려 왔다는 기록을 믿어도 다를 것은 없다. 여하튼 이성계의 전기에 나오는 퉁지란 등을 비롯해 여진족이 조선건국에 기여한 것은 분명하다.

세종은 이 공로를 잊지 않고 사대부의 반대를 무릅쓰고 여진족을 통합하였다. 이 때문에 조선 시대에는 고려 시대와는 달리 임진왜란 이전까지 북방접경지역과의 분쟁이 없었다.

그러나 평화가 찾아오자 무예에 강한 족속들의 필요가 없어졌다. 그들은 세금면제 이외에는 혜택이 없었다. 중국의 원나라와 청나라에서 몽고족과 만주족이 백성으로부터 정해진 상납을 받는 등 최고귀족계급으로서 많은 혜택을 누린 것에 비교할 때 형편없는 대우를 받았다.

결국 정착하여 생산에 종사하기에 서투른 그들은 유랑하며 천민이 되었다. 천민은 세금을 내지 않았으며 부역에서 면제되었는데 이것은 천민을 불쌍히 여겨 배려한 것이 아니다. '세금을 안 내도 되는 배려를 받은 집단'이 천민으로 전락한 것이다. 조선은 건국에 이바지한 그들을 토사구팽한 것이었다.

오늘날 그 원한이 풀어져야 하기에 한반도에는 갈등이 끊이지 않는다. 여진족 후예로서는 중국의 원나라와 청나라처럼 사대부 계층을 누르고 비 한자문화권 민족문화가 다스리는 새로운 조선을 다시 세우고 싶을 것이다.

현재 사실상 새로운 조선을 세우는 움직임은 상당히 진척되어 있다. 세종대왕은 〈한양오백년가〉에서만 해도 그저 평온한 집권기를 보낸 보통군주였다. 그러나 현재 역사상 가장 뛰어난 군주로 숭앙됨은 물론 대한민국까지 포함하는 개국군주와 같이 추앙을 받고 있다. 한국 내의 적지 않은 영혼은 고종의 대한제국에서 이승만의 대한민국으로 이어지는 국가보다는 세종대왕 때부터 이어지는 국가를 새로 건설하는 데 많은 미련을 두고 있다.

문제는 이러한 것을 솔직히 털어놓고 양성화해야 하는데 본심을 숨기면서 하니, 세종시 건립문제에 불협화음이 일어나거나 광화문 이순신 장군상 뒤에 부자연스럽게 세종대왕상을 덧붙이거나 하는 여러 혼란이 일어나는 것이다.

대한민국은 과거 박해받은 원혼을 달래는 정책을 펴야 한다. 미국, 호주, 뉴질랜드는 물론이고 우리가 침략자라 비난하는 일본도 아이누족의 원주민권리를 인정하고 달래며 배상하려 하는데 지금 대한민국은 그런 노력이 없다.

* 국가나 개인이나 지나친 욕심은 화근

대한민국 현재 '고난'의 뿌리는 무엇인가

  지금은 비교적 덜하지만 우리의 역사해석 중에는 한 때, 삼국시대 고구려가 삼국통일을 했더라면 '우리 민족'은 드넓은 만주평야를 영토로 가진 대국이 되었을 텐데… 하는 아쉬움을 표하는 사관(史觀)이 많았다.
  물론 이에 대해, 우리가 지금 대륙과 별개의 나라로 유지되어 온 것은 신라의 삼국통일에 말미암은 것이며 만약 고구려가 삼국통일을 했다면 중국대륙과의 계속되는 패권경쟁으로 나라는 유지하지 못하고 결국 중국의 소수민족과 같이 되었으리라는 견해도 있다.
  이와 같은 두 가지 사관에 대해 어느 한 쪽이 옳다고 하기보다는, 국가란 결국 개인과 마찬가지로 본래 타고난 본분을 존중하여야 하며, 분수에 벗어난 욕심은 이윽고 더 큰 손해로 되돌아온다는 것을 깨닫는다면 과거에 대한 부질없는 아쉬움은 덜 수 있다.
  현대사에서 6·25전쟁의 결과는 분단 후 불과 오 년 만에 찾아온 통일의 기회를 놓치고 그 후 육십 년이 되도록 통일의 뚜렷한 비전도 보이지 않는 현재로서 매우 아쉬운 것이다.
  하지만 세상일은, 어느 정도 이뤄놓기는 비교적 수월하지만 완전히 이루려는 것에서 어려움이 닥칠 경우가 많다. 이 완전의 추구는 때로는 절대적 가치이지만 때로는 부질없는 욕심으로서 화근이 되기도 한다.

전쟁 당시 한국은 38선을 밀고 북진하여 평양과 원산을 잇는 선까지 도달하였다. 이 선은 반도와 대륙 사이의 가장 좁은 목과 같아서 방어에도 매우 유리했다. 만약 이 근방에서 북진을 멈추고 영토 굳히기를 했다면 대한민국은 더욱 유리한 번영의 기틀을 마련했을 것이다.

그러나 조선 시대의 강역(疆域)을 완전히 회복하겠다는 욕심(?)으로 말미암아 국군은 계속 북진하였는데 전선(戰線)의 길이가 무려 4배가 되는 압록강과 두만강 전선의 방어는 중공군의 침입을 막기에 역부족이었다.

기실 조선 시대에 이와 같은 강역이 이루어진 것도, 본래 전주 지방으로부터 망명 이주하여 함경도 일대의 여진인을 다스려온 태조 이성계 일가가 조선을 건국하였기에(용비어천가 참조), 이윽고 복속시킨 것이었다. 지형적으로는 함경도와 평안북도 일대는 자연스러운 한반도국가의 국경이 아니다.

한국 최초의 우주인 이소연 씨가 우주에서 한반도를 바라보니 하나였다고 했지만, 만약 정치 사회적인 선입감을 갖지 않고 보았다면 한반도는 우리가 늘 생각했던 것과는 달랐음을 볼 수 있었을 것이다. 진정한 한반도는 대륙에서 나온 부분이고 조선 시대의 강역은 대륙 일부를 포함한 것이다.

 대한민국이 오늘날 반도의 중앙부도 온전히 얻지 못하고 고난의 시기를 지내오는 것도 따지고 보면 조선 시대에, 신라 및 고려 시대의 안정적인 반도국경을 벗어나 영토를 넓힌 데에 근원이 있다. 그리고 6·25전쟁 때의 지나친 욕심 또한 그 화근을 떨치지 못한 사유가 되었다.

 인간이나 국가나 자기의 본분에 어긋나는 지나친 욕심은 두고두고 화근이 된다. 조선 시대와 6·25 때의 약간의 욕심이 오늘날과 같은 결과를 빚음을 볼 때 고구려의 광활한 영토를 계속 가졌더라면 하는 큰 욕심 또한 부질없다.

 이런 말을 두고 그럼 중국은 지위가 높아서 대국의 자격이 있는 것이냐고 반문할 수도 있다. 그러나 가령 중국 강소성(江蘇省)은 인구가 대한민국과 비슷하다. 자원도 더욱 풍부하다. 그러나 독립국의 지위를 얻지 않고 중국에 복속된 지방으로 남아 있다.

 세계 각각의 지방은 저마다의 운명이 있으니 무엇이 우월하다고 비교는 불가하다. 과거 시대와 같이 국왕이 소유하는 국가라면 나라의 크기에 따라 국왕의 지위가 다르겠지만, 민주국가는 국가원수가 나라의 주인이 아니고 국민 각자가 나라의 주인이다. 적은 인구로 국가의 지위를 나눠 갖는 국민이 더 세계적 지위를 얻고 있다는 역설도 가능하다.

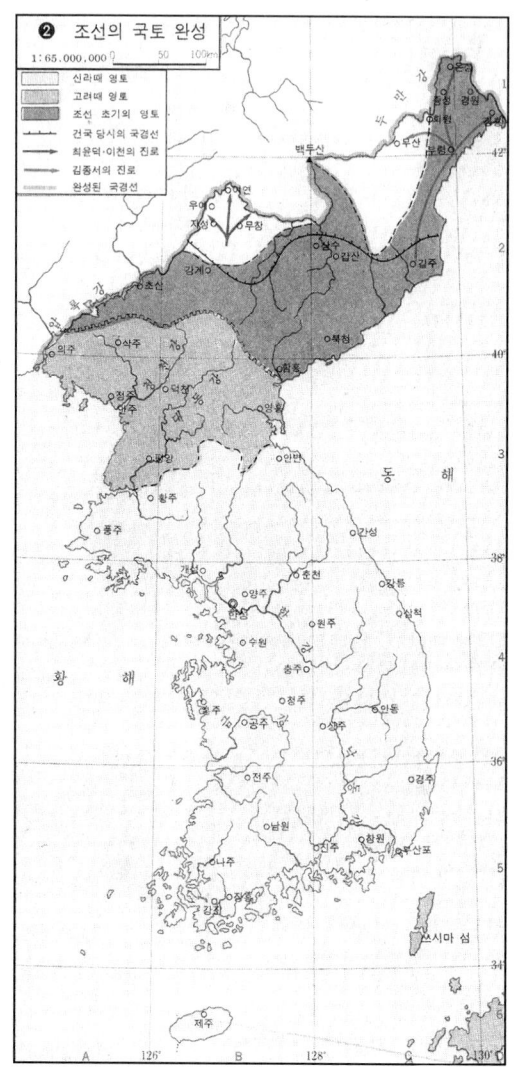

▲조선 영토의 성립 과정

ⓒ 금성 교과서 사회과부도, 1988

* 한반도갈등구조표

다음은 한반도에서 갈등관계를 이루고 있는 집단을 추정하여 작성된 표이다.

해당 민족의 후손이면 해당 입장의 주장과 사상이 있다고 보는 것이다. 하지만 혈족상으로서의 후손은 부계와 모계의 혼혈이 이미 수십 번 반복했으므로 분명한 구분이 불가능하다. 외모의 차이가 두드러지는 미국 같은 경우에도 혈족승계에 의한 분파주의를 부정하는 것은 혈족승계란 것이 본래부터 지키지 못할 가치이기 때문이다. 근친혼이 불가한 상황에서 몇 대를 거치면 유전자는 이미 희석된다. 물론 몇 대가 지난 후에 다시 유전자가 결집하여 조상과 비슷한 형질의 후손이 나올 수는 있지만(격세유전) 그것은 기대한다고 되는 일이 아니다.

중요한 것은 가문의 전통 등을 통해 이어지는 정신으로서 이것이 이어질 가치가 있는 것이면 가문이 추구하는 가치에 합당한 영혼이 계속해서 찾아와 조상으로부터의 맥이 이어지는 것이다.

표의 다섯 가지 민족구분은 현실물질계에서의 의미로는 해당 근원을 가진 민족의 후손이며 그 생활방식의 계승자이지만 영적인 관점에서는 해당 민족의 전생을 가지고 한반도에 다시 태어난 영혼이며 해당 민족의 가치에 대한 미련과 여한을 품은 자들이라고 하겠다.

• 한반도갈등구조표

표방이념	추정본산지	특성	이유	복지대책
진보좌파	고대 한반도 토착인	-침략수탈에 대한 뿌리 깊은 피해의식 -외래문화에 대한 강한 거부감	-고대로부터 많은 핍박과 착취를 받아왔음	-토속문화 및 생활에 대한 국가지원제도
친북좌파	熟女眞, 남만주, 함경도일대야인 등 신라, 고려의 영토 밖 인접지역	-조선 시대 이후의 한반도공동체에 대한 강한 애착 -반미반일이며 비교적 친중이나 중국과의 문화적 구분은 뚜렷이 하고자 함	-사실상 자신들이 주도한 근세 조선의 경역을 회복하기 원하는 것은 당연	-북조선과의 자유왕래 전향적 허가
민족주의 우파	몽고, 거란, 흉노, 生女眞 등 북방유목민	-중국 한족과 대립하는 '한민족' 정체성 세우기에 노력 -강인하고 진취적인 민족성 강조	-근대까지 소수로써 다수 漢人을 지배하기도 했으나 현대에 와서 대륙에서 소멸 혹은 소수민족으로 전락한 한을 한반도에서 풀고자 함	-중국과 공동으로 해당 민족문화연구 -韓國民에서 이들의 존재를 정식으로 인정함
보수주의 우파	移住漢族 (고려 시대 이후)	-漢文 등 전통적 귀족문화에 애착 -正統 宗家 집안은 기득권유지	-조상대대로의 문화를 회복하고자 함은 당연. 일제에 국권을 잃은 당사자로서 발언권 약화됨	-한자문화 말살을 통한 과거 피지배계층의 보복으로 받는 불이익 해소
자유주의 우파	移住漢族 (신라 시대 이전), 기타 海洋渡來人	-해양진출 중시 -親美, 親日 가치관 선명	-중국과는 국경을 맞대지 않고 지내왔으며 중국, 일본 등과 해상을 통한 교류	-자유주의 국가체제 유지

기술이란 비인격적이고 비감정적인 것이며
그 목적은 인간의 욕구에 봉사하는 매우 단순한 것이다.

〈베블렌(1857~1929)〉
(찰스 서스킨드, 〈인간에게 기술이란 무엇인가 1973〉에서의 인용)

영혼계를 본받아 발전하는 인간계

* 기술은 물질계를 영혼계에 닮게 하고자 하는 노력

과학의 발달은 물질계에서 영혼계를 방불하는 삶의 실현이 목표이다. 인류역사가 나아감에 따라 물질과학뿐 아니라 인권이 중요시되어 가는 것은 인간이 삶을 통한 영혼성장의 기회를 균등히 얻어야 하기 때문이다. 인간이 평등을 추구하는 것은 물질계 탄생 이전에 결정되었던 것을 물질계 탄생 이후로 옮겨오는 것이다. 탄생 이전에 결정되었던 출생조건에 따른 불평등을 최소화하고 대신 탄생 이후의 자기노력으로 대치하기 위함이다.

과학기술에 의한 인간소외를 말하기도 하지만 이것은 기술의 목적에 대한 오해에서 비롯된 것이다. 기술은 물질세계 한계를 극복하려는 방법이다. 기술은 물질 지향적인 것이 아니라 물질계가 영혼계를 닮기 위한 노력이다. 기술은 물질만능주의를 향하는 것이 아니라 물질계와 영혼계를 잇기 위한 것이다.

지금도 인간을 행복하게 살게 해주기 위한 각종 기술이 발달하고 있다. 그 지향은 지상천국을 향해 가는 것이다. 육체를 가지고 지구상의 물질계에 살면서, 영혼계에서나 가능한 여러 행위와 느낌을 누릴 수 있는 그런 세계를 만들고자 함이다.

물론 지상천국이 금방이라도 도래할 것처럼 말하는 것은 사교(邪敎)와 같은 화법이다. 그 방향이 지상천국을 지향한다는 것이지 현재처럼 첨단기술의 고도정보화사회라 할지라도 진행의 정도는 지상천국에 까마득히 못 미치는 정도라고 해야 마땅하다.

* 영화의 발전은 하늘에서의 뜻이 땅에서도 이루어지는 과정

처음 인간의 영혼이 지구상에서 육체를 가지고 활동하게 되었을 때 한번 했던 말은 그대로 사라져 버려 시간을 넘어 의사전달을 할 수가 없었다. 이윽고 문자가 발명되어 기록을 가지게 됨으로써 영혼계에서만 가능했던 기록능력을 일부나마 가지게 되었다. 기록매체는 특히 근대에 이르러 발전하여 사진, 녹음, 동영상 촬영 등이 가능하게 되었다.

모든 기록매체의 종합체가 영화이다. 영화는 물질계에서 생겨난 특별한 것이 아니다. 영혼계에서는 세상에 태어나기 전에, 앞으로 살 인생의 주요장면을 상영해주고 마음의 준비를 하도록 한다. 근래의 영화가 평면영화에서 입체영화로 발전함은 영혼계에서의 인생프로그램 상영방식에 가까워지는 것이다. 앞으로 영화가 더 발전하면 관객이 영화 속에 들어가는 것이 가능할 것인데(참여영화라고 할 수 있다.) 이것이 영혼계의 인생프로그램 상영방식이다.

영화의 발전은 제작능력의 대중화에도 있다. 지금은 어느 정도의 동영상은 개인이 누구나 만들 수 있게 되었다. 영화기술이 극히 발달하여 입체영화와 참여영화를 일반인 누구나 제작하고 상영할 수 있게 된다면 바로 영혼계의 인생프로그램 상영의 상황과 마찬가지가 된다. 육체를 가진 인간으로서 영혼계와 같은 능력을 향유하면 곧 지상천국을 누리는 것이다.

* 휴대전화와 CCTV는 하늘에서의 뜻이 땅에서도 이루어지기 위한 도구

오늘날의 기계문명은 과거에 예상했던 것만큼 발달하지는 못했다. 1969년 달착륙 무렵에는 2000년이 되면 도시마다 거대한 반원의 유리 돔이 덮이고 유리관에 싸인 모노레일이 하늘을 가로지르며, 사람들은 은빛 우주복에 비행접시를 타고 우주여행을 하리라 믿었다. 달 여행의 감격에 들뜬 1970년 연초의 라디오방송극에서는 1980년의 가족 달나라여행을 그렸던바 있다.

오늘날에도 우주여행이란 것은 그렇게 가까운 것이 되지 못했다. 화성에 달착륙선을 보낼 정도로 우주기술이 발전은 했지만 사십여 년 전에 갔다 왔다는 달에도 전혀 가보지 못하고 있는 실정이다. 달착륙이 거짓이었다고도 하고 달에 '무엇인가' 있기 때문에 기술 외적인 이유로 못 가고 있다는 설도 있지만, 여하튼 오늘날에도 달을 오가지 못하는 것은 우리에게 우주여행이라는 것이 쉽게 허락되는 것이 아님을 알게 한다.

고대에는 바다로 격리된 다른 대륙도 외계나 마찬가지였다. 그러다 중세 이후 인류는 바다를 건너 '외계인'들과 함께 사는 것이 허락되었다. 마찬가지로 가까운 장래에 다른 행성의 사람과 교류하리라고 인류는 예상했지만, 과학의 발전도 세계 주재자의 허락 하에 이루어지는 것이었기에, 인류는 아직 외계행성과 교류하라고 허락되지 않았다.

우주에는 지구와 흡사한 환경의 행성이 얼마든지 있다고는 추정되지만 지구와 가장 가까운 행성도 수십 광년의 거리에 있다. 공상과학영화의 실현을 기대하는 입장에서는 한숨이 나오는 현실이다.

이것을 두고 왜 하필 우주가 그렇게 만들어졌을까 원망할 수는 없다. 지구로 하여금 다른 물질적 생활공간과 충분히 격리되도록 의도적으로 그렇게 만들어진 것이다. 지구는 아직 독립적인 생활

공간이 되어야 하는 것이다.

　현대에 들어와서 특히 발달한 것은 통신수단이다. 그것도 현재 살고 있는 사람들 중 상당수가 예전에 누리지 못했던 것을 한 생애 중에 새로이 겪게 되니 더욱 경이로운 것이다.

　이십 년 전쯤의 세상을 기억하는 사람들은 소중한 사람과의 연락이 닿지 않아 귀중한 시간을 허비한 기억을 다들 가지고 있을 것이다. 특히 통신의 발달보다 먼저 이뤄진 자동차의 증가로 인해 90년대 초에는 약속장소로 가는 승용차가 막혀도 알릴 수가 없어 시간의 손실은 물론 쉽게 회복되지 않는 오해도 많이 일어났다.

　초기만 해도 일부의 사람만 가졌던 휴대전화를 거의 모든 사람이 가지게 되었다. 트위터와 페이스북 등 SNS의 발달로 언제라도 지인에게 자기의 뜻을 전할 수 있다. 특별한 곳에만 설치되는 것으로 여겨졌던 CCTV가 많은 곳에 설치되어 우리의 행동 상당 부분이 기록되고 있다.

　사람들끼리 물리적 거리에 구애받지 않고 통신하며 사람들의 행동이 기록되는 것. 이것은 영혼계에서 이뤄지는 것이다. 이런 것이 물질계인 지구상에서 이루어져 가는 것은, '땅'이 '하늘'에 가까워져 가는 과정이다.

* 전자장치의 발달은 지구상 유사생명체의 증가

 근래 많은 기계장치가 전자장치에 의해 제어되고 있다. 전자장치의 특징은 동작에 어느 정도의 힘이 필요한 기계장치와는 달리 아주 미세한 전기적 충격으로 가동할 수 있다는 것이다.

 전 세대의 환생연구가 프란시스 스토리 박사(1910~1972)는 만약에 인간이 만든 인조인간 등의 생물체가 있다면 영혼은 그것도 이용할 것이라고 했다. 영혼이 사용할 만한 생물체라는 것은 영혼으로부터의 명령을 물리적으로 증폭할 수 있는 물체이다.

 분신사바와 같이 볼펜을 돌리는 작은 힘은 생물체의 힘을 빌지 않고도 가능하겠지만 영혼이 곧바로 큰 힘이 드는 작용을 할 수는 없다. 그래서 인간이나 동물의 뇌에 명령하여, 작은 전기적 충격으로 동력을 발생하는 시스템을 사용하는 것이다.

 전자장치에 의해 제어되는 기계는 동물의 작동원리와 같다. 작은 자극으로 큰 힘을 낼 수 있는 장치이다. 영혼의 영향이 미치지 않는다는 보장이 없다.

 영혼 에너지는 전보다 용이하게 물질계를 제어할 수 있게 되었다. 전자장치가 더욱 보편화할수록 영적인 에너지가 정식 생명체를 거치지 않고 물질계에 직접 개입하는 일이 잦아질 것이다.

 탁자 위에 가만히 놔둔 스마트폰이 통화하고 싶은 이에게 자동 발신하기도 한다. 자동차급발진은 아직도 그 원인이 제대로 밝혀

지지 않았다. 전자장치의 오작동에 대해서는 앞으로 폭넓은 가능성을 두고 대책을 생각해야 한다.

물질문명은 인간사회만의 일이 아니다. 모든 물질문명은 다 영혼계에서의 허가를 받고 만들어진 것으로서 그 간섭을 받고 있다. 자동차가 화석연료를 소비하는 것은 생태계에서는 부조화이며 순환이 불가능한 행위이다. 그러나 비록 매연공해가 있다 해도 생태계는 유지되며 화석연료 소진의 대비책도 제시되고 있다.

농사에서 농약사용과 기계화는 자연스러운 것은 아니다. 하지만 그렇다고 자연 그대로의 이른바 유기농이 절대적으로 좋은 것이 되지는 않는다. 자연물이나 인공물이나 모두가 다 영적인 통제를 받으며 서로 유기적으로 작용하고 있다.

물질문명의 결과물도 그 작동 현상을 폭넓은 관점하에서 살피는 것이 옳다. 하지만 어떤 상황에서도 물질적 현상규명이 우선되어야 한다. 사회생활에도 위계질서가 있듯이, 진실을 찾아내기 위해서는 눈앞의 현상에서부터 계통을 밟아나가 충분한 물질적 검증이 이뤄진 다음에야 영적인 영향을 고려해야 한다. 그리고 실제로 영적인 영향력으로 발생한 일이라 할지라도 그것의 지상에서의 발현수단인 물질현상을 파악하여야 올바른 대처법을 찾을 수 있다.

* '심판' 후 미래의 지구

　국내 전생최면치료의 선구자 김영우 박사의 최면피술자는 미래에는 인구가 지금의 10분의 1 이하로 줄어들게 된다고 예언했다. 그 이유에 대해서는 '재난과 질병이 아니길 바란다'고만 하고 더 설명하지는 않았다. 이것은 보편적인 예언으로서 브라이언 와이스 박사의 피술자들에게서도 수세기가 지나면 지구인구의 대폭감소가 있으리라는 보고가 있다.

　미래의 인구감소설이 닥쳐올 재앙이라고 볼 필요는 없다. 미래는 확정된 것이 아니고 세계설계의 여러 프로그램이다. 2012년은 이제껏 세계의 주요사건을 맞춰왔던 마야문명의 책력(冊曆)으로 세계종말의 해이다. 이와 같이 기획되었지만 마야인이 지구상에서 떠나면서 변경해놓고 갔는지는 확인되지 않았다.

　우리가 타락한 생활을 하여 지구가 영혼성장의 기능을 잃게 되면 지구는 멸망하여 우리는 다른 곳에 가야 할 수도 있다. 그러나 그곳은 지구보다 못한 곳이 될 수도 있다. 우리가 지구의 삶을 유지하려면 스스로 노력해야 한다.

　브라이언 와이스 박사는 지구는 영혼성장에 있어서 한 학교와 같으며 초등학교와 중학교를 합친 수준에 비유했다. 졸업한 학생은 더이상 그 학교에 나올 필요가 없다. 지구가 비록 오염과 파괴가 일어나는 혼탁한 곳이어도 개인적으로는 훌륭한 영적 진화를 성취하는 사람이 있다. 그 사람의 영혼은 더이상 지구에 환생해서 올 필요가 없다. 고교생이나 대학생은 진학이나 취직에 관심이 있을 뿐이다.

단지 이런 방법으로 미래의 인구가 줄어든다면 다행이지만, 지구가 영혼성장의 역할에 더이상 효과적인 곳이 아니라면, 학교가 폐교하는 것과 같이 많은 영혼을 한꺼번에 돌려보내기 위하여 재난이나 질병의 방법으로 인구가 줄어들 수 있다. 정상적으로 학교가 유지되면 비록 이후 입학생이 줄어 학생 수가 줄어들어도 기존의 학생은 무사히 졸업한다. 하지만 폐교하면 학생들을 졸업시키지 못한 채로 내보내게 된다.

중학교가 고등학교로 개편하며 승격될 수 있는 것처럼 지구의 미래가 이와 같을 수도 있다. 물론 그렇게 되면 고등학교 수업을 받을 수준이 안되는 학생들은 학교를 떠나야 할 것이다.

미래의 가능성 중의 하나로서, '심판'으로 인구가 대폭 줄어든 후 지구에 남아 살게 된 사람들은 영혼이 몸을 자유로이 드나들 수 있게 된다. 이제까지는 잠을 자거나 몸을 쓰지 못할 때 자유로운 표면의식과는 상관없이 몸을 떠나곤 하였다. 현재는 특정한 수련을 한 이들만이 자유의지에 의한 유체이탈이 가능하지만 미래의 인류는 영육의 관계가 한결 자연스러워지는 것이다. 굳이 육체를 쓰지 않아도 되는 일에는 영혼만으로 활동할 수 있다. 심신의 병은 에너지의 혼란으로 생기는 것인데 그들은 에너지를 조절할 줄 알기 때문에 질병이 있을 수 없다. 육체가 필요 없을 때는 쉬게 둠으로써 불로장생을 실현한다. 육체의 고통을 얼마든지 제어하고 피할 수 있으니 사람들 간에 상대에게 고통을 주기 위한 행위는 원천 부재한다.

사람들의 자유로운 유체이탈이 가능해지면 바삐 돌아다니는 광경이 거의 없게 되어 인구가 대폭 줄어든 듯 보이게 된다.

그렇게 되면 사생활은 없을 것이다. 누구나 영혼상태로 어느 곳이라도 다닐 수 있고 모두 그것을 기억한 채 다시 육체를 가진 삶으로 돌아올 수 있으니 목욕탕 등은 공개된 것이나 마찬가지이다. 그러나 이제까지 감추려 했던 것이 부질없는 것이고 보면 문제가 되지 않는다.

더이상 근심걱정이 없는 지상천국이다. 다만 현재 지구에 있는 모든 영혼이 누릴 수 있는 것으로는 보이지 않는다. 주재자의 뜻에 따라 지구가 폐쇄 혹은 개편되면서 지구를 떠나야 하는 많은 영혼은 다른 물질계로 보내질 것이다. 그곳은 지구보다 아름답지 못할 수도 있고 어쩌면 지구처럼 확실한 물질세계가 아닐 수도 있다.

- 지구학교의 미래에 따라 추정되는 영혼의 향방

미래 지구의상태 \ 영혼발달 성취수준	영혼발달지체자	영혼발달성취자
현재와 같은 교과 수준 유지	지구상의 환생 계속	-중급자, 고급자 지구상으로의 환생 종료, 더 상위의 공간에서 영생
폐교(지구멸망)	대재앙 등의 방법으로 지구상의 인류 멸망하고 영혼들은 다른 동급 혹은 그 이하의 공간에서 환생 새로운 공간은 지구보다 덜 아름다울 수도 있고 물질계적 성질이 덜할 수도 있음	-중급자, 고급자 지구상으로의 환생 미리 종료, 기타 상위의 공간에서 영생
승격	더이상 지구상의 환생 불가	-중급자 육체가 더이상 속박이 되지 않고 효과적으로 사용할 수 있게 된 지상천국에서의 삶 -고급자 지구상의 환생 종료

* 꿈은 이루어진다

꿈은 언젠가는 이루어진다. 현실에서의 생을 거듭하면서도 언젠가는 이루어지고, 집착하고 그리워하던 것은 영혼계에서도 재현된다.

1914년 일차대전이 시작되면서 영국의 다섯 친구가 입대하여 프랑스 파리의 전선으로 보내졌다. 전선에 투입되기 전날 세느 강변의 분위기 있는 카페에서 다가올 근심을 잊고 마음껏 마시고 노래하며 파티를 즐겼다. 다음날 모두는 전장 최일선으로 투입되었다.

전쟁에서 네 친구는 죽고 하나만 살아남았다. 그는 자기만 살아남은 것에 상실감과 죄책감을 가지고 여생을 살았다.

이윽고 그가 죽자 먼저 영혼계에 와 있던 친구들은 현생에서의 추억이 깃든 그곳과 똑같은 분위기로 꾸민 카페에서 똑같은 군복차림으로 그를 맞이하며 생애 중의 고민을 위로했다.

모든 아쉽고 후회되는 일은 언젠가는 풀린다. 필자 또한 과거의 실수나 불운 때문에 적지 않은 여한을 가지고 있지만, 그것들이 언젠가는 더욱 바람직한 형태로 다시 전개되리라는 믿음을 가지고 있다.

인생 중의 아쉽고 후회되는 것은 언젠가 기필코 위로받을 것이다. 그 시기가 현생이든 더욱 먼 훗날이든 개의치 않고 기다릴 수 있는 여유를 가지자는 것이 이 책의 목적이다.

- 행복의 삼 요소 -

박경범

행복을 이루는
삼 요소는

먹을 양식이 있고
정성을 바칠 親人(친인)이 있으며
그리고
세상의 道理(도리)를 알아
모든 일에 迷惑(미혹)하지 않음입니다.

참고 서적

[1] Michael Newton, 《Journey of Souls》

[2] Michael Newton, 《Destiny of Souls》

[3] Michael Newton, 《Life between lives》

[4] 李相益, 《朱子學의 길》

[5] Brian Wess, 《Many Lives, Many masters》

[6] Brian Wess, 《Messages from the Masters》

[7] Brian Wess, 《Same Soul, Many Bodies》

[8] 殷謙, 《末世 2012》

[9] 이안 스티븐슨, 《전생을 아는 아이들》

[10] 프란시스 스토리, 《환생》

[11] 설기문, 《전생에 그와 나는 어떤 관계였을까》

[12] 이차크 벤토프, 《우주심과 정신물리학》

[13] 데이비드 호킨스, 《의식혁명》

[14] 김영우, 《전생여행》

[15] 李壽允, 《서양철학사》